记
号

IMIKIRIKI

真知　卓思　洞见

稳 住

掌握心理安全沟通法则

[日] 石井辽介 著　鞠阿莲 译

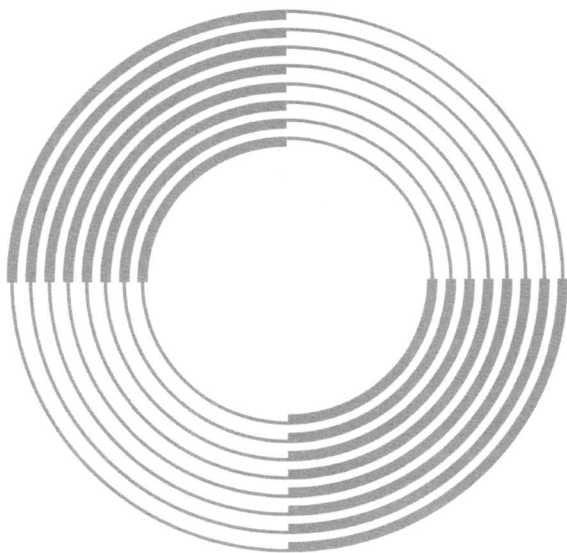

北京科学技术出版社

著作权合同登记号　图字：01-2023-5718

图书在版编目（CIP）数据

稳住：掌握心理安全沟通法则 /（日）石井辽介著；
鞠阿莲译 . —— 北京：北京科学技术出版社，2025.
ISBN 978-7-5714-4533-1

Ⅰ . C93-051

中国国家版本馆 CIP 数据核字第 2025NC9223 号

选题策划：记　号	邮政编码：100035
策划编辑：马春华　李照珂	电　话：0086-10-66135495（总编室）
责任编辑：武环静	0086-10-66113227（发行部）
责任校对：贾　荣	网　址：www.bkydw.cn
封面设计：吴梦涵	印　刷：北京顶佳世纪印刷有限公司
图文制作：刘永坤	开　本：889 mm × 1194 mm　1/32
责任印制：吕　越	字　数：148 千字
出 版 人：曾庆宇	印　张：7.75
出版发行：北京科学技术出版社	版　次：2025 年 5 月第 1 版
社　址：北京西直门南大街 16 号	印　次：2025 年 5 月第 1 次印刷
ISBN 978-7-5714-4533-1	

定　价：68.00 元

序　言

"这不是很奇怪吗？"

"我认为这样做更好，因为……"

"我有点不太明白，能麻烦您给我讲一下吗？"

在一个团队中，我们坦率地表达自己的意见并提出问题，这一看似简单的行为非常重要，甚至可以决定一个团队的表现。

本书的主题是"心理安全"，即为了提高组织和团队的整体利益，其中的每个人都可以在任何时候毫无顾虑地、坦率地表达意见，简明地提出问题，指出具体工作中的不足之处。

乍一看，这种做法似乎很平常，但在一个组织或团队中，要做到这一点却非常困难。只不过是坦率地发表一下自己的意见，这有什么难的呢？

如果你的职位较高，工作能力很强，工作经验丰富，而且最近的业绩也不错，那么你就比较容易做到直言不讳，提出自己的意见。

但是，请回顾一下你的工作经历。

当你还是新人时，是否有过这种经历：你总觉得某件事不太对劲，但因为"对方是资深的前辈"，所以你的想法说不出口，结果差点出了大麻烦，这时你才意识到"果然自己的担心是有道理的"。

还有这样的情形：你不太理解上司的指示，却不好意思提问，于是在不清楚自己应该做什么的情况下朝着错误的方向努力，后来被上司狠批了一顿。

现在你应该理解了吧？在不同的场景或立场下，个人经常很难坦率地表达意见和提出问题。

事实上，创造出一个让团队中的每个人都倍感安全的环境，其中人人都可以坦率地表达意见和提出问题，即打造出一个心理安全的团队是非常难的。

但是，在这个快速变化的时代，创造一种人人可以开诚布公地交流的环境，对一个组织和团队的发展来说，是不可或缺的。

多种研究表明，心理安全可以成就高效的组织和团队。

因谷歌出名的"心理安全"

谷歌在 2012 年启动"亚里士多德项目"，其中花了 4 年时间研究和分析"什么造就了高绩效团队"。

谷歌研究团队发现，在工作中真正重要的不是团队的成员是谁，而是团队如何一起通力合作。其得出的结论是，在众多合作方式中，具有压倒性的因素是心理安全，心理安全的团队离职率更低，盈利能力更强[1]。

虽然是谷歌将这一观点传播到了商业世界，但心理安全不仅仅与谷歌有关。

美国心理学会等各类团体已经在多种期刊上发表了关于团队心理安全的研究结果。

20多年来，美国心理学会致力于研究团队心理安全，发现心理安全有助于提高企业的业绩，有助于团队创新和改进业务流程，有助于提升团队的决策质量，有助于优化企业内的信息和知识共享、促进团队成员互相学习，越来越多的证据表明心理安全在商业中的有效性[2]。

除了商业场合，对争分夺秒救死扶伤的医疗现场、新生儿重症监护室的研究也表明，"心理上有安全感的医疗团队，能更快地组织抢救，而且手术的成功率更高"[3]。

正如医疗领域的例子所显示的那样，心理安全并非只有在团队有富余时间且架构非常稳定的情况下才适用。

恰恰对于那些处在周围环境瞬息万变、不做出改变就无法运转、没有任何富余时间的团体来说，要想实现团队的高效运转，心理安全至关重要。

越是危急时刻越需要心理安全

我们生活在一个充满变动性、不确定性、复杂性和模糊性的时代（VUCA 时代 [4]）。在这样一个充满不确定性即"没有正确答案"的时代，我们的组织和团队应该如何应对？

首先，让我们回想一下有正确答案的时代，即可以根据过去的成功经验预测未来成功的时代。

比如，大众汽车名为"甲壳虫"的经典车型在 1938 年被制造出来，后经过多次改良，直到 2003 年的 65 年间一共生产了 2000 多万辆。福特 T 型车在更早的时候，即 1908 年就开始销售，在接下来约 20 年的时间里车型一直没有大的改动，生产了 1500 多万辆 [5]。

在有正确答案的时代，"制造出来就能卖掉"。在正确答案一直是正确答案的时代，能够快速、低成本和准确无误地制造的团队，就是优秀的团队。

而在没有正确答案的时代，昨天的正确答案不一定是今天的正确答案。因此，对团队来说最重要的是迅速行动，寻找一个暂时的正确答案，同时不断进行试验和迎接挑战，并从失败中吸取教训。还要抓住市场变化的迹象，在自己所在的组织还没有察觉到的时候，让自己从"过去的成功法则"中解放出来，因为这些法则在市场上已经过时了。

表 0-1 中对比了有正确答案的过去的时代和没有正确答案

表 0-1　过去的时代和未来的时代

		有正确答案的 过去的时代	没有正确答案的 未来的时代
人才 与 团队	优秀的团队	快速、低成本、没有失误的团队	探索、挑战，在失败和实践中学习
	需要的人才	认真完成别人交代的事情	善于感受变化，肯下功夫，具有创造性
	沟通交流	自上而下	多角度坦率地交流
管理	设定目标的方式	比去年增长 X%	设定一个全新的有意义的目标
	预算的分配	选择与集中	探索与实践
	努力的源泉	焦虑和惩罚	适材适所，给予支持
	对团队的态度	趁着现在赚钱	一起创造未来

的未来的时代之间的不同[6]。处于不同时代的团队，其管理风格也会发生变化。

通过对比"过去"和"未来"这两个时代，我们可以再次认识到，心理安全感低的团队抑制了成员勇于挑战和坦诚沟通的机能，属于过时的范式。

越来越少的团队被要求做"过去"的工作。世界变化的速度和复杂性刺激了对"未来"工作的需求。因此，心理安全对团队的重要性与日俱增，它能加快团队从挑战和探索中学习的步伐。

对我自己来说，"创建一个好的团队"和"让对方直言不讳"也是迫切需要解决的问题。这是因为我无论作为一名普通团队成员，还是担任董事、业务部长和项目经理时，都吃过相关的苦头。

例如，我管理的项目曾出现了一个严重问题，我去到现场，试图从工人和兼职人员那里收集些一手信息，但进展得很不顺利。对方跟我道歉："石井先生，真的很抱歉。我们今后一定更加注意，不再发生类似的情况。"但他们不会告诉我问题是如何发生的，或者是什么原因造成的。我得不到任何有助于解决问题的信息。眼看着向客户汇报的日期越来越近，我却束手无策，无能为力。现在想来，应该是在问题发生后，面对突然从总部赶来的我，他们心理上没有安全感的缘故。

后来，通过在学术上的研究，以及在商业领域的实践，我从两个方面探讨了这个课题。具体来说，在庆应义塾大学研究生院系统设计与管理研究科和日本认知科学研究所，我接触到了心理学、组织发展、人力资源开发和幸福学研究方面的前沿学术成果，并将这些成果应用到每一个团队、项目和工作现场中。

现在，作为 ZENTech 株式会社的董事，我把自己的研究和实践成果变成了一项业务，为客户提供心理安全相关的知识、组织诊断调查 SAFETY ZONE 和组织发展咨询服务。

　　其中，有一个项目叫"心理安全认证管理课程"，课程中不仅讲授学术理论，还持续进行实践，让学生在学习课程的几周时间里，在各自的工作现场尝试各种方法来提高自己的心理安全感，努力让团队取得成果，然后再将这些成果带回课程中。

　　在这个实践中，我们知道，在变革时期为团队提供创造心理安全所需要的东西，仅靠一本容易阅读的告诉你诀窍的书是远远不够的，还需要一种有理论和体系支撑的实践指导。

　　正因如此，我们深入研究了能作为领导力的"心理灵活性"，这是一种能够灵活帮助不同团队运转得更好的非常有用的方法；并深入研究了行为分析和语言行为，这是一种让人们的行为变得更好的理论和体系。

　　本书提供了可以在职场中灵活使用的浓缩版的"理论与实践"指导，并经过100多名来自不同行业和岗位的毕业生的检验，他们中有大公司的董事和部门主管，有负责人力资源和公司规划的经理，以及风险公司的高管。

　　希望这本书能够对目前正在带领团队的管理人员，以及想把组织改造得更好的人有所助益，帮助他们创建心理安全的组织和团队。

目　录

01

千万稳住：团队的心理安全至关重要

团队成员持有共同的信念，即便在团队中承担人际关系风险也是安全的。

——哈佛大学教授，艾米·埃德蒙森
（Amy C. Edmondson）

什么是团队的心理安全

1999年，哈佛大学教授艾米·埃德蒙森提出了"团队的心理安全"这一概念。她将"团队的心理安全"定义为：**团队成员持有共同的信念，即便在团队中承担人际关系风险也是安全的** [1]。她关于"团队的心理安全"的文章被引用了8000多次 [2]。

然而，这个定义过于学术化，对于那些试图将心理安全引入其组织和团队的一线管理人员来说，可能有些难以理解。我们试着把团队的心理安全进一步整理，让其更容易应用于工作一线。

简而言之，心理安全的团队中，团队内部或成员之间能够进行良好的沟通交流，并专注于做有成效的高质量的工作。无论心理安全的概念是什么，它显而易见是非常重要的。

然而，在大多数职场中，自然产生的"**人际关系风险**"使**人们无法进行良好的沟通交流并专注于做有成效的高质量的工作**。因此，即使团队中的每个人都希望做出高效高质量的工作，团队也会在不知不觉间变成一个心理不安全的团队。为了说明得更清晰，我们先来看一下人际关系风险较高的团队，即心理不安全的团队是什么样子的。

思考心理不安全的问题

人们在一个团队中工作时，什么时候会感受到人际关系风险？

人际关系风险是指：一个人认为团队中的其他成员可能会误解他的言论，或者他可能会受到不公平的对待，即便他的行为是善意的，也可能有受到惩罚的风险。

你可能会想，"我的团队可不惩罚人"。但是，这里所说的惩罚是一个个极小的行为。例如，当你遵循公司的方针挑战了一个全新的项目或提出了自己的意见时，有人阴阳怪气地问你："那个行得通吗？"或者一个项目在策划阶段进展得很顺利，但你却会担心如果项目最终失败会影响到自己在其他人心里的评价……图 1-1 给出了 4 种常见的"惩罚人"的团队类型。

我们以在心理不安全的团队中工作的员工为对象，询问他们在工作中会面临的惩罚风险，得到如下的回答。或许各位也曾在职场中遇到过类似的情况。

◇ 你交给同事一项工作，他再不赶紧完成的话就赶不上最后的期限，但你觉得如果提醒他自己会有讨人嫌的风险（所以你就焦急地等待同事的进展）。

◇ 如果坦率地提出自己的意见，就有破坏气氛或被人讨厌的风险（所以你不发表自己的意见）。

图 1-1　给予惩罚的团队

❖ 想提问题以便了解客户的需求并给出建议，但如果自己提问了就有被认为是"什么都不懂"的风险（所以你没有问，尽管问了效果会更好）。

❖ 讨论没有任何进展，你想了解其他成员所说的话是什么意思，或者厘清他们所使用的词语的定义，但有被认为"这家伙很烦"的风险（所以你默默看着他们讨论）。

❖ 长期不在一线工作的主管的意见和你在一线看到的情形有很大的差异，所以你想坦率地提出意见，但有被认为自己是"不懂事的下属"的风险（所以，这次你仍遵循了主管的意见。但后来发生了一件事，证明还是你的想法正确）。

埃德蒙森教授将人际关系风险分为四大类，即自己被别人认为"无知""无能""麻烦"和"消极"的风险[3]。

- ◇ **不想被认为是"无知"的人** —— 有疑惑也不提问，不征求他人意见。
- ◇ **不想被认为是"无能"的人** —— 掩饰过错，不说出自己的想法。
- ◇ **不想被认为是"麻烦"的人** —— 有需要也不寻求帮助，工作成果不完美也无所谓。
- ◇ **不想被认为是"消极"的人** —— 不积极地讨论问题，不坦率地发表自己的意见。

正如我们所看到的，可能要承担人际关系风险会带给人们焦虑的情绪，即使是成员为团队的利益考虑或想为团队做出贡献而采取的行动，也有可能受到惩罚。如果采取行动会受到惩罚，那么成员宁肯不采取行动。因此，在一个心理不安全的职场，人们害怕这样的风险，结果就是即使有必要，成员也不采取行动。

在心理不安全的职场中，成员不会主动采取行动，从"团队学习"的观点出发，主要有以下两个原因：

◇ 挑战有风险，因此不能从实践、探索和行动中积累经验。

◇ 单个成员所了解的情况或掌握的信息不能变成团队的资源。

也就是说，团队变成了零散的个人的集合，个人的进步不可能转化为团队的进步。

相反，在一个心理安全的职场，团队成员无须把精力耗费在对抗惩罚、焦虑情绪或察言观色上，成员之间可以充分交流意见，专注于从事富有成效的工作并得到良好的成果。

根据前文的表述，心理安全感低的团队和心理安全感高的团队的对比情况见图 1-2。

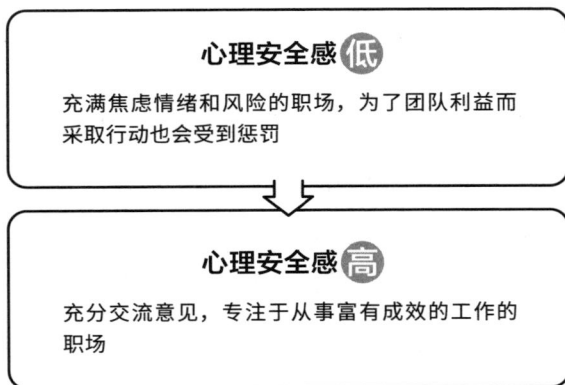

图 1-2　心理安全感高和低的对比

提高团队的心理安全感 = 创建学习型团队

确保成员心理安全有哪些好处呢？

将心理安全感高的团队与心理安全感低的团队做一下对比，我们发现心理安全感高的团队能在长期的工作中有更好的表现和更好的状态。究其原因，是这些团队在内部给成员营造了更多的学习空间。很明显，这会让整个团队长期表现出更好的状态。团队心理安全还有许多其他好处，但其最大的好处是有助于"团队学习"。

换句话说，团队的心理安全感高有助于提升团队内部的学习能力，而这又有助于团队取得更好的绩效（图 1-3）。

值得注意的是，团队心理安全只是团队绩效的一个优先指标。也就是说，心理安全首先促进了团队的学习力，而实际上绩效会不会提高，则要从中长期来看结果如何。

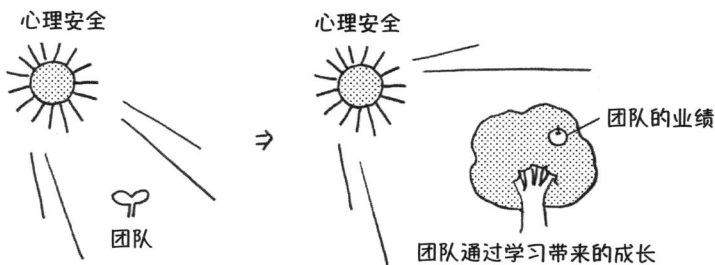

图 1-3　心理安全促进团队学习力

因此，如果一个团队或者组织朝着提高心理安全感的方向做出努力，却因为短期内没有成效而放弃，那将非常可惜。

什么是团队

前面我们多次使用了"团队"一词。对于我们在职场中理所当然地使用的团队这个词，美国麻省理工学院的奥斯特曼教授这样说："职场中的团队概念本身是 1980 年以来传播得最广泛的创新之一。"[4]

从人类的劳动史来看，近些年来，团队的概念才从体育领域被引入职场中。

让我们思考一下团队到底是指什么。

想象一下这样的场景。假如你独自去参加一场讲座，你和另外两个陌生人共用一张桌子，他们分别坐在你的两边。讲座开始后，演讲者说："坐在同一张桌子前的 3 个人请组成一个团队。"那么，桌子前的这 3 个人真的是一个团队吗？我认为最起码，左顾右盼、矜持地打着招呼的这 3 个人不是一个团队。那么，如何将陌生的一群人，即一个简单的团体，转变为团队呢？

如图 1-4 所示，团队成员需要"相互激发灵感，共同解决问题，为同一个目标或终点而努力"[5]。

人们公开谈论自己想要达到的目标和面临的挑战，不断尝

团体　　　　　　　　**团队**

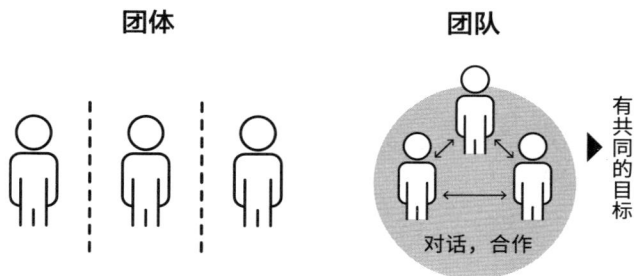

图 1-4　由团体到团队

试各种方法去实现他们定下的目标，在有困难的时候互相帮助，并利用个人的优势和力量向前迈进。在健康的相互依赖的关系中，一个简单的由人组成的团体才能转化为团队。

远程办公和团队

特殊情况下，多国政府发布了紧急事态指令，让一些行业的工作方式转为远程办公（居家办公）。当时，在我参与发言的活动中，听到了来自各方的困惑的声音："远程办公，我们应该怎么办？"我觉得最重要的是，如果在远程办公之前你所在的只是一个团体，那么一旦开始远程办公，该团体就会分解，因为办公室只是一个将人们聚集在一起的地方。如果你所在的已经是一个团队，那么即便实行远程轮班，成员之间仍可以继续通过网络互动和协作。

　　对一个团体来说，其面临的问题首先是如何处理人际关系、如何进行团队建设，以及如何创建心理安全；而对一个团队而言，其面临的挑战在于确保在线协作的网速、工具、机制和制度（图 1-5）。

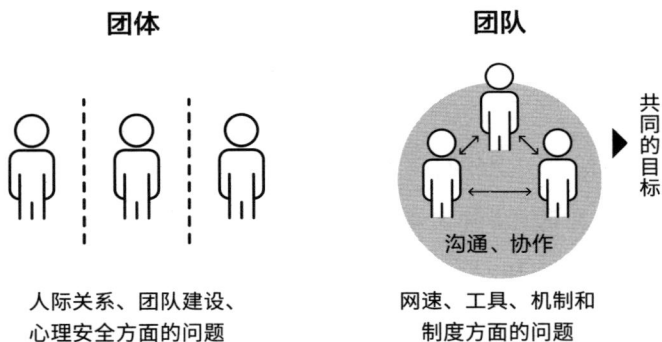

团体　　　　　　　　　　　　　**团队**

共同的目标

沟通、协作

人际关系、团队建设、
心理安全方面的问题

网速、工具、机制和
制度方面的问题

图 1-5　团体与团队在远程办公时面临的问题

　　远程办公只会让原本就没有形成团队的团体的问题变得公开化而已，这些问题在远程办公之前就已经有了。而在那些还不能被称为团队的组织中，不信任下属的领导者实行微观管理，使用监控工具监控员工或让他们定期向自己汇报工作内容，会进一步剥夺员工对领导者的信任感并降低他们的生产效率。

对心理安全的团队的常见误解

如果只从字面上看"心理安全"这个词，人们往往会产生误解。一个心理安全的团队不必依靠对外联系，不是一个家庭作坊，不是一个单纯的有凝聚力的团队，也不是一个成员彼此很容易妥协的宽松的工作场所。

例如，体育领域经常用"有凝聚力的团队"这样的说辞，成员们团结一致实现共同目标被认为是一个团队理想的状态。但是，从另一个角度看，一个有凝聚力的团队实际上是很难有不同的意见的。而心理安全的团队反而很容易产生分歧，即便在大多数成员的意见基本一致时，个人也能轻松地表达"我有不同的意见"。

我们对心理安全的团队最常见的误解是认为它是宽松的。在这样的职场中，人际关系一片和谐，不用遵守项目期限，不去做有挑战性的工作，人人都待在自己的舒适区中。

这种误解是因为我们只理解了"安全"一词的普通含义，即"无所事事也很安全"或"无须努力也很安全"。但是，真正的心理安全是指成员对有利于团队的利益和成效的事情发表意见、尝试去做、进行挑战都是安全的（失败的后果不是受到惩罚）。

事实上，明白"工作标准"的概念对澄清宽松的工作场所的误解和使心理安全发挥作用至关重要。下面我将先解释工作标准的概念，再阐明工作标准和心理安全之间的关系。

高标准的工作

工作标准低的团队在多数时候表现得比较从容，工作上不会遇到困难。他们可能有一个独立的部门为大团队创造大部分的销售额，大团队只有一个模糊的工作目标，比如"我们想开拓一些新业务"，但却没有这项任务的截止日期。或者在过去的几十年里一家公司受到法律和制度的保护，该公司一直占据着很大的市场份额，且至今没有什么变化。在这种情况下，这些团队的工作标准往往会降低。

团队的领导者如果发现团队的工作标准很低时，必须要提高标准。如果放任员工普遍存在的将就的心理，那么寻求发展的优秀人才就会弃你而去。

那么，该如何规定高标准工作的准则，并让员工理解这个标准呢？

人们常常有这样的误解，即认为要设定高的工作标准，必须设定一个高的目标，但事实并非如此。

商业环境的现实情况是，很少有项目能够拥有足够的人力、设备、资金和时间。

没有什么事情可以做到完美无瑕，主要是项目的截止日期和交货期限触发了团队妥协的需要。

高工作标准意味着在此种情况下团队不会轻易妥协 [6]。

一方面，有的领导者会设定一个过高的目标，如"下一个财年要实现销售额 100 万亿日元的目标"。但很快他就妥协了，将目标改为"先实现比上一年度增长 5%"。这种领导者的妥协点很低，成员也不会认同他提出的那些高目标。

另一方面，有的领导者会设定一个相对合理的目标，如"今年先做到这一点，然后朝着更高的目标努力"。即使发现再过半年也很难实现预先的目标，他也会坚持不懈地去做，尝试新的方式，并不断与成员分享各种经验和技巧。面对困难，这种领导者不会降低目标向现实妥协，而是保持着很高的妥协点并持续努力做到更好，人们在这样的领导者身上感受到的是高标准的工作准则和态度。

而按照高标准开展工作的团队成员，即便过程有困难，他们也会努力做出自己的贡献。

心理安全与工作标准矩阵

下面，我将根据埃德蒙森教授的表格 [7] 整理而来的矩阵，来解开"心理安全 = 宽松的工作场所"这个误解，并看看高工作标准是如何将心理安全与团队学习力和绩效联系起来的。

表 1-1 展示的是这个矩阵，纵向的指标是心理安全，横向的指标是工作标准。我们将从左上角开始，按逆时针方向来看。

表 1-1　心理安全与工作标准矩阵

		工作标准	
		低	高
心理安全	高	**宽松型职场** 舒适区 工作没有成就感	**学习型职场** 学习并成长的职场 良性冲突和良好的绩效
	低	**冷漠型职场** 不做多余的工作 保护自己的安全	**严苛型职场** 利用焦虑和惩罚对人 进行控制

宽松型职场

有些人倾向于从"心理安全"一词出发，联想到宽松型职场。当心理安全感高但工作标准低时，就会出现这种情况：成员不会因为低质量的产出而遭受批评，而且项目的完成期限也很宽松。但是，宽松型职场的本质是工作标准低，而不是心理安全感高。

心理安全感很高时，成员会提出自己的意见并相互合作。他们愉快地工作，但由于工作标准很低，所以完成期限不断后延，一直没有达成目标也未采取任何行动，此时，组织或团队中的人就会想："嗯，就这样吧。"

当人处于这种舒适区时，做起工作来当然不感觉困难，但却难以从工作中获得多少成就感。那些以成长为导向的职场人士心里会有危机感，或许会开始考虑换工作。

冷漠型职场

接下来让我们看看心理安全感低和工作标准低这个类别。在这种情况下，成员的工作标准很低，心理安全感也很低。

由于心理安全感很低，这类职场就会有风险，因为为了团队的业绩或是对团队做出贡献而采取行动，很可能会受到惩罚。而且，成员之间互不关心，冷漠文化盛行，再加上工作标准很低，就没有必要冒着风险积极地与他人接触。

在后文"良性冲突培育团队"中我们会详细讨论这个问题。在冷漠型职场中，不会出现组织和团队所需要的冲突和意见分歧，其成员多数秉持"多一事不如少一事"的消极态度。

他们不关注工作成果，而是专注于假装做自己的工作，隐藏自己的弱点，避免出现工作失误，不会去做职责以外的工作。他们觉得自己有所谓的"铁饭碗"，或者在 B2C 市场占有垄断或独家地位，认为"我们公司绝对不会倒闭"。在工作绩效的压力很低时，冷漠型职场很容易变成宽松型职场。

严苛型职场

那么，心理安全感很低但工作标准很高的职场又是什么情形呢？请你想象一下，一个销售团队，没有大团队或其他部门的协助，没有可以商量的对象，却背负着很高的销售任务，它所面临的处境你很容易理解吧。

乍看之下，严苛型职场可能有很高的"士气"。但是，在严苛型职场中，成员不能表达很合理的不同意见，不能提出质疑，不能确认具体目标。"别想那么多，拿出成绩来！"这正是严苛型职场的真实写照。

第3章我们将详细讨论通过惩罚和制造焦虑对员工进行控制的危害，在一个心理安全感低的严苛型职场中，成员都会努力避免受到惩罚。

笔者曾亲眼见过一个严苛型职场（一家非常知名的大型日本公司），它就是所谓的严格管理风格。一方面，团队的部长特别易怒，会逐个指出报告中的错误等；另一方面，部长是一个很优秀的人，他可能也意识到自己的工作风格很难及时整合大家的工作报告，于是严格要求下属"即使是坏消息也要立即向我报告"。

对下属而言，这就是"地狱"般的职场。因为无论自己向他报告还是不向他报告都会挨批。而且，情况还会变得更加复杂。

比如，科长会看部长的脸色和时机给下属下达指令，比如："××君，部长现在心情很好，你马上去报告。"或者在部长下班等电梯时，趁机向他汇报："我刚得到消息……"这时由于部长急于回家，即便他会发火，持续的时间也不会很长，类似的"职场秘诀"还有许多。最后，部门内部制定出一份"与部长打交道手册"在员工之间传阅。手册中甚至包括详细的说明，比如，"如果跟客户一起去向部长汇报工作，在客户面前，部长就不会发火"，"部长基本上不听取其他人的意见，所以要准备好资料，让他自己得出结论和方针"。

如果这种内向型的工作是针对工作成果的，那么该部门的工作效率会提高多少？

这种严苛型职场的管理方式，是管理者很容易采取的错误的工作方式之一，因为他们误以为自己是在进行"严格的指导"。惩罚主要是由管理者做出的，但实际上管理者很难真正监督到工作中的每一处细节，而管理者监督不到的地方就会成为工作死角。此外，如果员工把时间花在应付管理者上，他们就会充分发挥这方面的潜力，实际上会给企业造成很高的管理成本。因为管理者不能一直进行监督，所以在远程办公的情况下，管理部门就难以发挥作用，这就是严苛型职场的真实写照。

学习型职场

最后，在表 1-1 中的右上方，心理安全感和工作标准都很高的职场是学习型职场。这正是我在本书中提倡的职场环境，它能很好地适应社会变化，并从挑战和实践中不断学习，由此取得好的成果。

换句话说，让心理安全感发挥作用的是高工作标准。我们所期待的并不是简单的心理安全感高（但工作标准低）的组织或团队，而是在心理安全感和工作标准方面都能有出色表现的组织或团队。

学习型职场与严苛型职场的区别只在于心理安全感的高低，但将两者比较一下我们就会发现一个明显的不同，那就是如何保持高工作标准。

为了保持高工作标准，严苛型职场通过惩罚或制造焦虑来让成员更加努力地工作，类似"拿出成绩来，否则……"当然，它可能比冷漠型职场更容易产出好的业绩，但成员工作的一部分精力是用来保护自己免受惩罚的。

在心理安全感和工作标准都很高的学习型职场中，下面4个条件是努力的源泉，它们能让成员保持高标准的工作状态并自我激励去取得更好的成果。

第一，有支持。即便自己没有取得满意的成果，也会有人为你提供建议或帮助，而不是被惩罚或让人焦虑。

第二，有意义。组织、团队或项目设定了深层次的和有意义的追求和目标，你能从中感受到工作价值和成就感（我们将在第4章中深入探讨）。

第三，有反馈。即使还没有取得成果，但当你已经尽力而为时，也会得到管理者和其他成员的认可和赞赏，并鼓励你采取更有效的行动（见第3章"行为分析"）。

第四，定位准。适材适所地分配工作才能让成员自发、自律地好好工作（见第3章"有价值的行为"）。

这种心理安全感高、工作标准也高的组织实际上更容易产生冲突。如果人处在心理不安全的职场，工作过程中就可能需要尽力避免产生冲突，然而，良性冲突是有利于提高团队的工作绩效的。

良性冲突培育团队

组织理论是经营学的一个分支，它定义了3种冲突（图1-6）。

◇ 人际关系冲突。

◇ 任务冲突。

◇ 过程冲突。

第一种人际关系冲突，顾名思义，是关于人们的好恶。第二种任务冲突是指对同一问题或事件的不同意见和冲突。第三

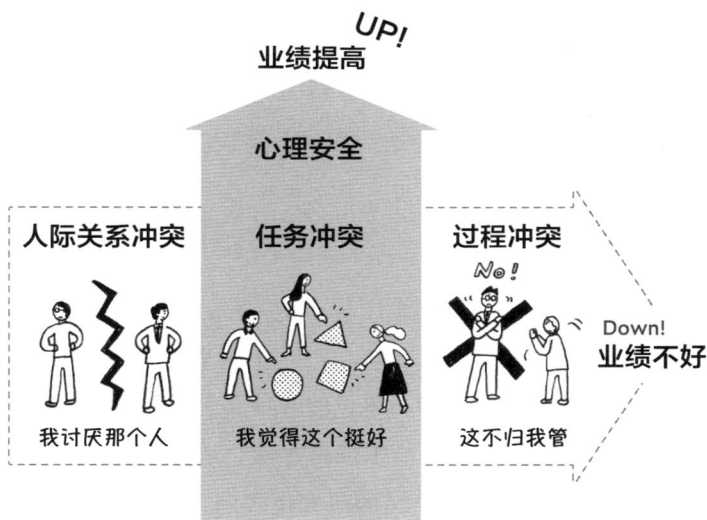

图 1-6　良性冲突培育团队

种过程冲突是指大家都认为"这不是我的工作"而产生踢皮球的现象。

　　一篇运用交叉分析为研究方式的论文认为[8,9]，这3种冲突基本上都会对绩效产生负面影响。但是，也有研究表明，实际上"在心理安全得到保证的情况下，任务冲突会对绩效产生积极影响"[10]。

　　在团队心理不安全的情况下，意见冲突很容易变成人际关系冲突。当团队中的人际关系过于重要时，大家为避免意见冲突，就很难表达自己的意见。这样做既不能提高团队的学习热情，也不会提高绩效。所以，在心理安全的情况下，良性冲突对提高绩效至关重要。

　　如果你一直认为"冲突是不好的"从而避免与人发生意见冲突，那么，你应该将关注点转为"这是不是良性冲突"。如果是良性冲突，就充分沟通；如果不是，就进行调整。这是促进团队学习的重要的第一步。

心理安全有什么作用

　　我们已经知道，团队成员的心理安全会提升团队的学习力，使团队能在中长期的工作中提高业绩[11]。

　　前文提到的谷歌公司的研究也表明，心理安全的团队有更好的业绩、盈利性更强、创造力更强、成员离职率更低，能更有效地活用多样的创意[12]。

正如我们在图 1-7 中所见（图中加粗的部分），心理安全可以促进团队学习、提高工作业绩，但促进团队学习的机制还包括信息共享和提高冲突的频率[13]，以及强化团队"在失败中学习"[14]的行为。这种团队学习不仅能提高工作业绩，还能提高决策的质量[15]。

从创新的观点来看，心理安全是通过健康的任务冲突对创新和流程变革做出贡献的[16]。

但是，并不是所有的创新都有助于提高工作业绩，但心理安全可以将创新与组织的业绩联系起来[17]。

此外，在对团队的评价方面，有关研究已经发现心理安全感高可以提高成员对团队的满意度和工作的参与度[18]。

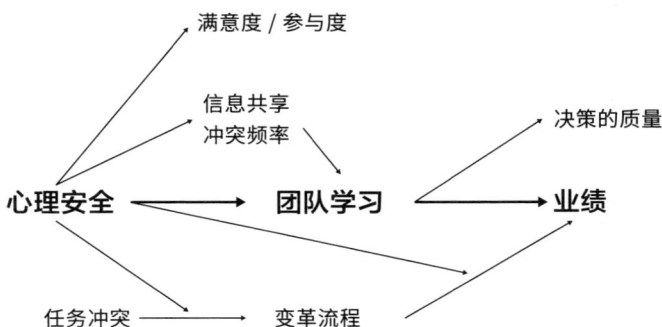

图 1-7 心理安全的效果

还有一个有趣的发现：比较团队效能和心理安全的研究结果，"两者都有助于提高业绩，但心理安全对业绩的贡献更大"[19]。也就是说，成员在一个可以坦率地表达自己的意见并互相帮助的有心理安全感的团队中，比成员认为自己的团队"是有能力的人聚在一起所以业绩好"更有优势。

心理安全测试标准：修订版四要素

我们的研究团队根据 updated COSMIN[20]（一种科学的调查方法）开发出一套诊断、测试团队的方法，用来测试团队的心理安全。到目前为止，这套方法已经对 6000 人、500 个团队的心理安全进行了测试。

我们开发这套测量方法有几个原因。埃德蒙森教授是心理安全研究领域第一人，她已经在文章和书籍中提出了测试心理安全的 7 个问题[21]。可是，当我们用埃德蒙森版本的问题测试日本的团队时，发现了几个问题。

◇ 日本和美国在文化和社会构成方面的多样性前提差异很大，对"异质问题"的解释也可能非常不一样。

◇ 对"在这个团队中，即使承担风险也是安全的"（It is safe to take a risk on this team.）这样的设问，很多人认为表达得不够明确。

◇ 在一些设问中出现了"天花板效应"，即由于得满分的人很多，导致高分者之间没有差别[22]。

◇ COSMIN 是创建主观报告式调查的科学方法，用它创建医疗指标是因为它的严谨性，但 COSMIN 在 2018 年进行了重大更新，因此有必要对 1999 年发表的埃德蒙森问卷问题进行重新评估。

我们从以上问题的反馈可知，在美国之外使用埃德蒙森版本的问题进行测试有其局限性，故我所在的 ZENTech 株式会社与庆应义塾大学系统设计与管理研究科的前野隆司教授一起开发了修订版的问题（量表）。

这些问题是参照 updated COSMIN 制定的，与埃德蒙森版本进行比较，只选择最可靠的版本，并通过验证，确认其有效性。

从这类研究和商业场合的测试中得出的结论是，**日本的团队，当存在畅所欲言、互相帮助、敢于挑战、开放包容这四要素时，成员就能感受到心理安全**（图 1-8）。

事实上，我已经多次与许多经营者、人力资源经理、组织负责人和团队负责人讨论利用这四要素测试组织和团队的结果，大家都觉得非常有说服力。

此外，这四要素的目标不是要团队达到埃德蒙森教授提出的"无知、无能、麻烦和消极"这类没有惩罚和焦虑的状态，

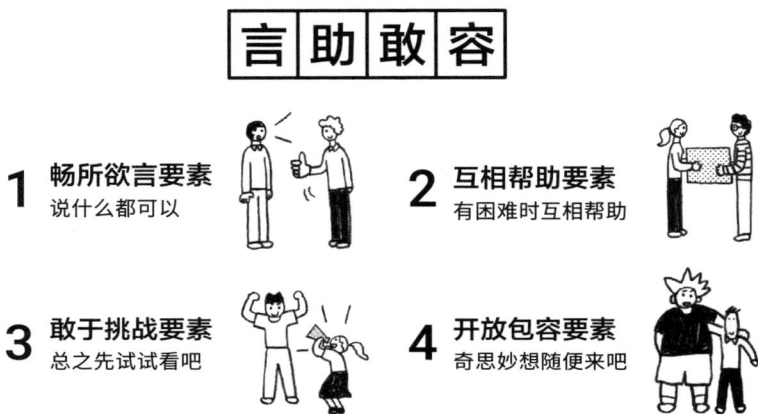

言 助 敢 容

1 畅所欲言要素
说什么都可以

2 互相帮助要素
有困难时互相帮助

3 敢于挑战要素
总之先试试看吧

4 开放包容要素
奇思妙想随便来吧

图 1-8　修订版团队心理安全四要素

而是**希望让团队达到畅所欲言、互相帮助、敢于挑战、开放包容这四要素共存的状态。**

畅所欲言要素

畅所欲言是最重要的要素，也是其他 3 个心理安全要素的基础。畅所欲言要素有利于**团队成员理解自己的工作和其他成员的情况，从不同的角度对工作进行评估，以及征求其他成员真实的意见和想法。**

当畅所欲言要素得到保证时，报告和联络、表达意见和立场、分享闲聊信息，以及为了理解指示内容和要求而提出问题等现象就会在团队工作过程中不断涌现。以下都是畅所欲言要素的例子：

❖ 当大家一致认为"就是它！"时，如果你仍有不同看法，能否把不同意见表达出来？

❖ 当团队成员感到有问题或风险时，他能否说出来？

❖ 当你有不懂或不明白的事情时，能否直接提问？

也就是说，即使成员报告的是负面消息，团队也会没有任何隐瞒地把真实情况摆到桌面上。在一个团队中，如果成员能够在讨论时对自己的观点和意见进行如实的说明，就可以说这个团队具有很好的沟通氛围。

互相帮助要素

在事情超出常规的工作范围，并且需要**快速、专业地处理和应对时，以及在争取比平时更多的产出时，**互相帮助要素就很重要。

当互相帮助要素得到保证时，在团队遇到麻烦或陷入僵局时，成员可以分享必要的事实信息，进行协商并寻求支持和合作。同时，他们还会超越负责人、团队和部门之间的壁垒，甚至会跟客户提出必要的要求，承担起必要的负荷，完成需要做的事情。比如：

❖ 当出现问题时，团队是否有一种建设性解决问题的氛围而不是指责他人？

❖ 团队领导者和成员是否随时可以提出建议？

❖ 团队不是给成员减分，而是给成员加分。

这些都是互相帮助要素的例子。

其做法不是把项目分成几个任务，每人完成一项，然后把完成的任务积累起来项目就算完成了。互相帮助要素是指一个团队其内部成员能进行良好的互动。这与"自己职责范围内的工作自己想办法完成"的想法正相反。

这一点与近年来"自我披露"或"展示自己弱点"的领导力受到重视有很大的关系。

敢于挑战要素

敢于挑战要素对激发组织或团队的活力，探索新事物以适应不断变化的时代，以及做出必要的改变非常重要。

当敢于挑战要素得到保证时，团队可以在没有正确答案的情况下进行探索、试验并抓住机会。团队欢迎类似玩笑的想法和假设，也可以尝试不符合常规逻辑的跳跃式思维产生的想法。

比如说：

✧ 团队是否视挑战和尝试是一种收获，而不是一种损失？

✧ 没有先例或业绩的事物，也能被采纳吗？

✧ 如果你想到一个非常有趣的想法，即使它有些不切实际，是否愿意与团队分享自己的想法并进行尝试？

这些就是敢于挑战要素的例子。

这里的"敢于挑战"也可以说是团队的"探索"过程和"试错"过程。不论是个人还是团队，要尝试新事物，都要尽可能多地保留裁量权和自由权，并专注于从试验和错误中学习和改进，而不是指责失败，这一点非常重要。它能让人们越过提出、深化、展示想法并获得反馈和共同创造的良好环境的障碍。

心理安全可以让人们享受验证假设和探索学习的过程。建议团队将敢于挑战要素作为坚持执行的工作流程，不要停留在"暂且尝试一下"的阶段，并且要对所尝试的事情进行复盘（反思），然后再决定以后是改进还是放弃。

开放包容要素

在这个没有正确答案的时代，团队中的每个成员都必须自下而上地发挥自己的才能，从不同的角度来感知和应对社会和行业的变化，此时开放包容要素就是一个重要的要素。

当开放包容要素得到保证时，公司就能从过去的范式中解放出来，根据每个人的才能优化配置，进行角色分工，使团队的产出实现最大化。与敢于挑战要素相比，开放包容要素更关注"人"。例如：

❖ 你是否觉得在不同角色中发挥你的优势和个性是受欢迎的？
❖ 你是否觉得不拘泥于常规、引入不同的观点和看待事物的方式是受欢迎的？
❖ 你是否觉得在团队中标新立异是没有风险的？

这些都是开放包容要素的例子。

把人看成是同质化的，就像对工具一样统一对待他们，好像可以减少管理者的工作量。然而，在这个VUCA①时代，以同质化的方式进行管理已经不足以让团队产生竞争力。开放包容要素分担了管理者的工作，充分利用人的多样性发挥个人的才能，同时有助于实现组织的愿景，让团队更接近发展的目标和方向。

开放包容要素也与多元化和包容性以及归属感密切相关。

---

① 它是 volatility（易变性）、uncertainty（不确定性）、complexity（复杂性）、ambiguity（模糊性）并列组合的首字母缩写。——编者按

　　在日本，多元化和包容性备受大型企业和公共部门的关注，它也是可持续发展目标（Sustainable Development Goals，简称SDGs）的一个重要主题，很多企业和组织已经开始行动。

　　可持续发展目标共有 17 个，其目的是实现一个不让任何人掉队（Leave no one behind.）、可持续发展的、多元化的和包容性的社会[23]。要达成这些目标，开放包容要素是一个非常重要的因素。

　　根据美国的标准，多元化本身可以通过相应的招聘来实现。然而在日本，如果在招聘的时候不下功夫设计出吸引多元化的候选者的方法，就很难实现组织的多元化。

　　从这一点来看，日本组织想要实现多元化的门槛已经很高，再加上包容性和归属感，组织面临的挑战更大。例如，如果我们不是从种族和国籍的包容角度考虑，只是从性别这一点来看，其挑战也不小。众所周知，如果一个组织的高层中没有跟你相似的人，你就不太可能有归属感[24]，但日本大公司大多数的高层管理人员仍然是男性日本人。

　　要想变成一个学习型组织或团队，就需要一个能够听取不同意见的环境。为了实现这一目标，不仅要多元化，还要通过更大的包容性来提高团队成员的归属感，这些都将有利于人们表达不同的意见。这是因为当大多数成员觉得自己所在的群体是同质性群体时，他们就会认为自己的意见是异质性的，根本不被需要。

因此，为了让团队成员最大限度地发挥自己的潜力，领导者还必须注意提高成员对组织的归属感。

为了发挥开放包容要素的作用，建议领导者关注一下团队中是否存在某些难以发声或不能积极发挥作用的特定人群。

心理安全，特别是开放包容要素，将在确保成员有归属感和被包容的感觉，以及将人才多元化转化为良好的工作成果方面发挥重要作用。

心理安全变化的 3 个阶段

心理安全变化的 3 个阶段和前提环境

通过以上四要素来改变心理安全有 3 个阶段，如表 1–2 所示。这 3 个阶段也是阻碍四要素改善的环境因素，在团队领导者考虑该方法的有效性时也很重要。

我们按照变化的难易程度，从表的底部开始看。

"行为和技能"指的是团队中每个人能否采取行动，以及他们能否在正确的时间采取有效的行动。

"关系和文化"是指团队中的人在每一次这样的行动和过程中所学到的团队习惯和行为模式。

"结构和环境"是指公司、企业或商业机制本身产生的结构性、环境性问题。

表 1-2　心理安全变化的 3 个阶段

		定义	内容
难以改变　↑　↓　容易改变	结构和环境	公司、企业或商业机制本身产生的结构性、环境性问题 ·权力平衡 ·组织架构 ·商业流程 ·业务限制	直接研究比较困难，将其作为前提，并讨论在这种情况下团队成员可以做什么
	关系和文化	由于组织或团队的历史而形成的团队习惯和行为模式	第 2 章"心理灵活性" 第 4 章"语言行为"
	行为和技能	每个人是否采取行动；能否在适当的时机采取有效的行动（技能）	第 3 章"行为分析" 第 4 章"语言行为"

　　本书更希望在关系和文化层面为团队带来心理安全。因为结构和环境对团队成员在心理安全层面的影响是最难改变的。

　　结构和环境都有哪些类型，以及它们各有什么影响，这取决于行业、业务形式和组织类型如何。处理结构和环境的基本方法是只认识其影响，并将其视为前提。

　　接下来，我们要看一下作为前提的结构和环境。

　　结构和环境可分为四大类：权力平衡，层级结构、权力差距和审批流程，工作类型和业务流程，业务限制。

权力平衡

我们与客户和供应商之间的权力平衡通常由"可替代性"和"销售份额"决定。

一方面，如果有许多竞争者提供与你所经营的产品类似的产品（可替代性高），或一家客户公司占你公司销售额的80%（销售份额高），那么你的公司就处于弱势地位。因为在第二种情况下，失去了这家客户公司的业务，你的公司将遭受巨大损失。

另一方面，在竞争者很少的地方，比如全国只有几家移动运营商，或者某个地区只有一家，而且每个消费者在其中所占的销售份额很低时，这些公司相对于消费者来说就处于强势地位。因为少了一个消费者，对公司的影响微乎其微。

当公司处于弱势地位时，这种交易中的权力平衡对团队的心理安全有负面影响。

如果你说"客户（处于强势地位）想要这种规格的"，在多数情况下，这个提案就会被审议通过。但是，如果你能对客户说："您能否在我们的工程师在场时告诉我们您更改规格的目的？这样我们就能给您提供最好的建议。"这样或许可以与客户展开更好的合作。

要改变这种权力平衡本身是非常困难的。如果你处于强势地位，要跟处于弱势地位的公司进行良好的团队合作，你需要不遗余力地去创造对方的心理安全。

这不仅在公司之间，在公司内部的组织之间也是如此。比如"总公司－分公司"就是这种情况。再比如，团队中营业额最高的销售部门通常拥有较大的权力，而团队的行政部门则相对处于弱势地位。

层级结构、权力差距和审批流程

组织的层级结构和报告方式决定了决策和审批的流程及等级数量，这对团队的心理安全有很大影响。尤其是在需要特殊审批时，它会提高敢于挑战要素的门槛。

同时，如果上司和下属之间的级别差距太大，除了敢于挑战要素被削弱之外，畅所欲言要素和开放包容要素也会被削弱。上司和下属之间的级别差距有两种类型：权限级别和经验级别。

权限级别指的是某位成员拥有的调动或解雇员工的权力级别，或在日常工作中决策或许可的级别。

经验级别指的是不同成员在某一特定专业方面所拥有不同经验产生的级别。在这种模式下，上司和前辈都非常有经验，而自己却经验不足，你会觉得自己的想法和意见毫无意义，很难畅所欲言，也难以感受到团队的开放包容。

工作类型和业务流程

在业务流程中，下级往往很难推翻上级的决策，因此裁量权和自由度会随着流程进度逐渐降低（图 1-9）。

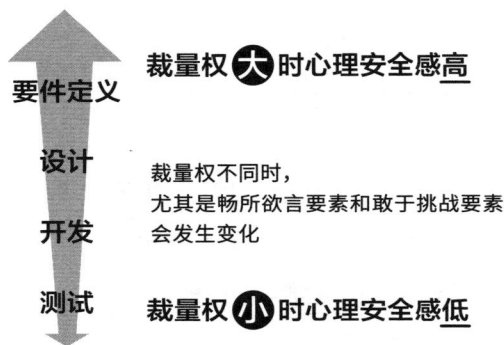

图 1-9　不同裁量权下的心理安全感

这并不是职场上的困难，只是商业场合的前提条件。在规划设想和构思阶段，成员往往有很大的自由度和裁量权，随着计划和规格的最终确定，成员的自由度和裁量权就会减少。

例如，当销售团队收到订单，定义需求，设计并传递给现场的开发团队时，许多事是已经定好了的。在这种几乎没有自由裁量权的情况下，开发团队成员的心理安全，尤其是畅所欲言要素和敢于挑战要素往往会被削弱。

因此，在这种情况下，即使成员没有什么自由裁量权，团队或组织也应该尝试通过互相帮助要素和开放包容要素来引导实现团队成员角色的最佳分配和分工。

你可以把这个过程看作是围绕业务流程或时间框架而变化的权力平衡。

业务限制

最后，让我们来看看业务限制。

出于保持卫生的原因，一些工厂会要求工人必须戴上口罩和能够遮住头发的帽子，而且原则上不允许工人在洁净室中交谈。这使得这些工厂工人之间的沟通变得比在正常环境中更困难。

还有一些场景，比如外国总部公司和本国分公司之间的会议，你参与其中，不得不用外语交流，但实际上你并不擅长外语。

这些都不是权力平衡的问题，但它们会阻碍成员之间的沟通，降低他们的心理安全。

我们已经讲了 4 种类型的结构和环境。它们会对团队成员的心理安全产生影响，但在这个阶段，我们可以将它们视为前提，而不是遇到的问题。

研究下文即将讲述的"行为和技能"以及"关系和文化"，

可能会改变其中两种类型的结构和环境，即权力平衡，层级结构、权力差距和审批流程。尤其是前者，我们可以通过"你的组织和团队被选为不可替代的真正的合作伙伴"来实现转变。此外，如果你的团队成功转型为一个有心理安全感、以结果为导向的团队，这可能会促使高级管理层重新思考，认识到"心理安全很重要，目前的组织结构可能不太合适"，从而实现层级结构、权力差距和审批流程的转变。

所以，我们接下来要了解"行为和技能"及"关系和文化"是什么。

你是带来心理安全的领导者

"现在就让我们把心理安全带到我们的团队或组织中去！"当你怀着这种想法并采取行动时，无论你职位高低，你就是能给团队或组织带来心理安全的领导者。领导者有时是孤独的，但能为团队或组织带来心理安全仍然值得你付出努力。

"薪水是忍受痛苦后的奖金""工作就是保护自己不挨骂""寻找问题的罪魁祸首"，给这样一个不安全的工作场所带来心理上的安全感，让人们可以充分地交流意见，互帮互助，推动事情朝着有意义的目标前进。

团队成员的眼中重现希望之光，团队的妥协点提高，成员能够从工作本身获得成就感，通过创建这样的团队，让其中的每一个人都能大放异彩，从而实现成长，取得成就，这就是心理安全。作为给团队带来心理安全的领导者，我希望你能拥有以下两种思维方式。

把自己放在问题中

第一种思维方式，要把自己放在问题中进行思考。

我们会在不经意间思考许多事情，并受制于自己的思维方式。**人们善于把自己置身问题之外，在别人身上找问题**，比如"那个吵闹的学长是我们在职场获得心理安全的障碍"，或者"这个新人能力还不足，我真头疼"。

但是，你自己的行为可以作为他人行为的触发点或奖励，这一点我们将在第 3 章"行为分析"中详细介绍。

因此，在职场或团队中，**如果你觉得"对方有问题，这让我很困惑"，那么实际上你已经成了问题的一部分。**

当你发现团队中的年轻人有问题时，例如年轻人没有自己的主见，你往往不会想到自己应该在年轻人发言后立即做出适当的反应或反馈。

而如果你能把自己纳入问题中，灵活地改变自己的行为，或许对方就会发生改变。

即使对方真的有错，但你自己置身事外，只是指出他们的错误并指责他们，这种做法基本不会对他们的行为产生影响。除非你认为有问题的人非常信任你，否则很遗憾，你做的这些都是无用功。

反思自己的行为

第二种思维方式，反思自己的行为。

无论你是领导者还是普通员工，一切都要从反思自己的行为开始。请想象如下场景：

你的上司总是盛气凌人，让所有人都感到畏惧，有一天却对大家这样说："最近我一直在学习有关心理安全的知识，大家是否也在学习呢？如今还有人不知道这方面的知识可是很丢脸的。"

大多数员工内心的想法应该是："跟我有关吗？"员工此时对领导者的态度可用4个字来概括：慢走不送。

即使你或者你的上司不像这个上司一样这么夸张，但人或多或少都很容易陷入一种自视甚高的状态。

首先，反思自己的行为是非常重要的，比如你作为上司说了什么，做了什么，是否给了下属适当的反馈信息，在会议上如何倾听，是否第一个接上了没人接的话茬，等等。

其次，我希望你能找出自己几个需要改变的地方。例如："我这么做当然是为了成员的成长，但从心理安全的角度来看，却像给他们一个小小的惩罚"，或者"事后立即复盘非常重要，但我由于太忙没能立即给出回应"。

这些行为的改变，会比你说"我想给我的组织和团队带来心理安全"这句话有更强的说服力。

最后，不要只在口头上提倡心理安全，而要**真心真意地践**

行心理安全，能够真正改变自己的行为，这样周围的人才能感受到你的诚意。

希望给组织或团队带来心理安全的两个重要的思维方式——把自己放在问题中和反思自己的行为是相互关联的。当你把自己放在问题中，从问题中回顾和反思自己的行为，并灵活地改变自己的行为时，改变的旅程就开始了。

把错误归咎于他人，指责他人，等待更高职位的人改变组织或团队，或祈祷总裁、董事会成员做出改变，这些都不能改变组织或团队以往的状态。记住，能给组织或团队带来心理安全的领导者就是你。

拿起这本书，本着创造属于你自己的成果的精神，试着采取具体行动来改变你的组织、团队和你自己吧。

02

稳住内心：如何拥有心理灵活的领导力

心理灵活性就是要求人根据情境、立场和语境，灵活地切换自己的行为方式，确保行动有效。

修炼灵活的内心

组织和团队背负的历史

组织和团队都背负着一段历史。

这里的历史指的是组织和团队中每个人的行为和行为结果以及周围人对此的反应的累积。

例如，如果一个王牌销售犯了职权骚扰的错误，最后却只被公司口头警告，并没有受到其他处分，那么其他成员就会觉得只要销售业绩好就什么都好说。

如果大家看到领导者在他自己推动的一个新项目失败后逃避责任，大家自然会想："我还是不要参与新业务或创新项目比较好。"

员工面对客户的要求采取了一些与以往不同的应对方式，公司却在该项目出现问题时找到那个员工并给予他严厉的惩罚，此时大家就会从中吸取"教训"：即使客户有需求，也不要打破既往规则。

除了这些让组织和团队记忆深刻的事件，我们也要注意琐碎的日常事件及其应对方式。

例如，一个老员工在会议上说了自己的一个小想法，要么被上司冷淡地回绝了，要么周围没人回应，那大家就会认定"即使自己有想法，也不要说出来"。

在有的团队中，有人甚至连"早上好"这样的问候语都不愿意说，因为根本没有人回应自己。

这就是我们在第 1 章中讲的惩罚和焦虑，它们对团队有负面作用。团队成员之间每天的言行，以及彼此的反应，都是团队成员学习的内容。

正如我们在第 1 章中所讲的那样，在团队心理安全的 3 个变化阶段中，**团队所承载的每段历史都决定了团队的关系和文化**。

改变关系和文化需要领导力

学习一些浅显的案例和"最佳做法"看起来对团队的成长很有帮助，也很有参考价值。但是，这并不能真正改变团队风气。如果只是学习标准案例和其中的诀窍，我们在第 1 章中介绍过的心理安全四要素也不会得到改善。

因此，需要将理论知识落地为具体的、适合组织和团队的行动指导，但要做到这点绝非易事。因为组织和团队有一种惯性，就是今天继续做昨天的事情。

你想做出的改变越大，你遇到的抵抗力和阻力也会越大。

因为在组织和团队中越是成功的人，越可能执着于往日的工作方式。

"诚然，我们销售团队的心理安全感可能比较低。如果有人业绩不达标，会在例会上被当场追究责任；还有犯了错的员工会被转到其他部门，这种焦虑感会让大家更加努力地工作。但我的部门实际上非常成功，是公司赚钱的主力部门，有很多员工都想来我们这里工作，所以我并没有什么困惑。"说这些话的销售经理都是在同样苛刻的管理者的培养下成长起来的，他们为自己的成功感到自豪。

改革者就是要与这样的人合作，给组织带来心理安全，采取自己认为必要的行动，改变成员的行为，把变革坚持到底。

组织和团队当下的心理安全状态是由成员经历的历史累积而成的。

成员的工作方式作为团队文化的一部分已经根深蒂固，比如不发表个人意见以避免焦虑和惩罚。除非这些个人行为发生改变，否则团队风气不会有变化。

团队领导者要改变团队风气，就要找到改变成员行为的方法。我们将在第 3 章和第 4 章中进行相关内容的学习，即"行为分析"和"语言行为"的理论。

但是，仅通过实施某项措施或改变一种行为来改变不同团队的不同文化，可能困难重重。因此，作为改革者要具备"心理灵活的领导力"，这是必不可少的。

领导者和领导力的区别

本书不深入探讨领导者理论和领导力理论本身，只是简要说明它们之间的区别。

本书所说的领导者（leader）指的是在组织结构中担任一定职位的人，就是组织正式任命的人，例如，部长、科长、店长、经理或销售主管等。而领导力（leadership）则与任命没有关系。单词后缀"-ship"表示状态、技能或能力[1]。因此，领导力指的是领导者的技能和能力，即**"影响他人的能力"**[2]。

作为一个担任领导职位的人，作为一个评价者或拥有人事权的人，自然有影响他人的能力。然而，一些研究人员将**这种和职位相关的影响他人的能力**，从领导力中区分出来，将前者称为**"权力"**。

因此可以说，有些普通员工很有领导力，而有些公司任命的领导者虽然手握着权力，却没有领导力。

我的一个基本观点是，在一个组织中，我们要提升个人的领导力，即使手中没有权力也能影响他人。做到了这点，当你与自己的权力起不了作用的外部团队合作时，或者当你是团队的成员时，你都可以大显身手。

使用不同的领导力风格

个体对他人产生影响的方式被称为领导力风格，现在我们能看到很多与领导力风格有关的研究内容。

领导力风格繁杂多样[3]，比如有以下几种：

◇ 交易型领导力：运用巴掌和甜枣，注重业绩。
◇ 变革型领导力：运用愿景和启迪。
◇ 仆人型领导力：支持成员并帮助他们茁壮成长。
◇ 本色型领导力：发挥自己的个性，并能展示自己的弱点。

面对不同的领导力风格，我们很想从中找到"最好的一种"，但实际上它们是相互补充的关系，好的领导者会**灵活运用不同的领导力风格**。

◇ 交易型领导力和变革型领导力是互补的。
◇ 变革型领导力有助于提升组织的效能（能力），仆人型领导力有助于提升组织的心理安全，优秀的领导者往往同时具备变革型领导力和仆人型领导力[4]。
◇ 在本色型领导力的语境下，高绩效的领导者能高度融合"真实自我"（Authentic Self）和"角色自我"（Role Self）[5]。

因为本书内容主要涉及关系和文化层面，因此根据团队特点和具体的情形正确使用这些领导力风格非常重要。本书提出的"心理灵活的领导力"适用于不同特点的团队及团队成员，可以灵活地改变团队现状，实现心理上的灵活领导。

本章将详解心理灵活的领导力，目前你可以把它理解为在不同的场合做真正有用的事，有以下 3 种灵活性：

❖ 灵活性 1. 接受不能改变的事。

❖ 灵活性 2. 朝着重要的事努力。

❖ 灵活性 3. 用心辨别（即意识到它们）。

以下列举的是运用不同领导力风格的例子。

在思考团队心理安全的畅所欲言要素时，在使用交易型领导力的领导者的指导下，那些已经做出业绩并深受器重的成员，其畅所欲言程度会非常高。

但是，这种领导方式也很容易在团队内部形成恶性循环，因为这类领导者对那些目前没有做出业绩的成员的期望值很低，成员在心理上与领导者有距离，而且自己的意见也无处表达。领导者要想鼓励那些还没有感受到畅所欲言要素好处的成员表达自己的意见，就要注意同时使用仆人型领导力。

对领导者来说，在这种情况下重要的不仅有转换风格的问题，还有程度的问题。

当领导者是交易型和变革型风格时，成员的业绩压力可能会非常大，交易型和变革型领导者本身代表的是"高标准工作"的意思，这并没有什么严重的问题。然而，当成员的业绩压力过大，团队开始利用惩罚和焦虑控制成员时，就很容易出现营私舞弊的现象。

营私舞弊现象一旦出现并被揭发，不仅会对组织的稳定性造成很大的伤害，领导者的管理方式和办事程序也会更加严格，这样一来，大家用于做出业绩的时间就会减少。

表 2-1[6] 展示了每种领导力风格的主要特征及其与心理灵活性因素的对应关系。

正如本表所整理的那样，心理灵活的领导力是指领导者可以在不同的情况下，根据不同的场合灵活地切换、使用更有效果的领导风格。

心理灵活的领导力创造心理安全的团队

这种灵活的领导方式的有效性，实际上已经在我们的研究中得到了证实。

我们与庆应义塾大学系统设计与管理研究科共同进行的研究表明，提高领导者及团队中每个成员的心理灵活性对提高团队的心理安全感来说都非常重要，具体来说有以下几点：

表 2-1 领导力风格与心理灵活性

领导力风格	主要特征	对应的心理灵活性要素		
		①接受	②重要的事	③用心
交易型领导力	根据情况给予报酬		○	○
	重用业绩好的下属	○		
变革型领导力	通过愿景和使命来激励员工		○	
	个性化的成长支持		○	○
仆人型领导力	支持下属完成自己的目标，实现自我价值	○	○	
	发挥下属的优势		○	○
本色型领导力	领导者很了解自己	○	○	
	有意识地立足于现在和此刻			○

✧ 领导者及成员的心理灵活性越高，越有利于提高团队的心理安全感。

✧ 领导者的心理灵活性对团队心理安全感的影响尤为显著。

✧ 当领导者具有心理灵活性时，会大大提升团队的学习力。

如上所述，对整个团队的心理安全影响最大的是领导者的心理灵活性，与此同时，成员的心理灵活性也不容忽视。

一个人的心理灵活性越高，就越容易在团队中有较高的心理安全感。当团队"灵活性 2. 朝着重要的事努力"的程度越高时，心理安全感就越高。

组织发展和科学哲学

近年来，在组织发展过程中，有一种管理趋势是参考和采用科学哲学中的社会建构主义。社会建构主义认为，我们认为的"真实"并不是人类之外的客观真理，而是"社会建构的东西"。

一个更具戏剧性的说法是，只有当在场的人们"同意"一个东西"真实"时，它才会是"真实"[7]的。管理层认为可以实现的一个愿景，并不意味着它对组织中的人来说也是"现实或真实的"。所以，要围绕愿景开展对话，把它变成真实的东西。"对话式组织发展"就是基于社会建构主义的组织发展。

社会建构主义是科学哲学"语境论"的一个分支，属于"描述性语境主义"。而本书提出了一个基于"功能性语境主义"（Functional contextualism）的领导力发展和组织发展的观点（表 2-2）。

功能性语境主义是美国的斯蒂芬·海斯（Steven C. Hayes）教授提出的，属于科学哲学的范畴。

表 2-2　社会建构主义与功能性语境主义

	社会建构主义	功能性语境主义
世界观	所有事物都是进行时，脱离情境就无法存在（与认为存在客观"真实"的本质主义有所不同）	
真理标准	是否圆满完成任务（对实践有效果和有助于实现目标的东西被称为"真理"）	
目的、想法（目标）	理解事件整体的复杂性、丰富性及其意义	预测事件并产生影响
适用范围	具体的、个别的	抽象的、普遍的
在组织和人才开发中的应用	对话式组织开发	具有灵活性心理的领导力开发

　　海斯教授也是接纳与承诺疗法（ACT）[8]的创始人，ACT也被称为"心理灵活性科学"。我们在本章要讨论的心理灵活性就是基于这种功能性语境主义。

　　科学哲学中的每一个分支都有一个真理标准（有关什么是真理的标准），语境论的真理标准，粗略地说就是是否圆满完成任务。

　　包括社会建构主义在内的描述性语境主义关注其对象是否在理解整个事件的复杂性和丰富性的基础上圆满完成任务。

　　功能性语境主义也属于语境论，但侧重于是否在预测事件并产生影响的基础上圆满完成任务[9]。换句话说，两者虽然方法和目标有所差异，但都是根据组织和团队背负的历史或背景圆满完成任务。

如果我们要在组织发展的背景下整理本章的目标，那就是通过人才发展实现组织发展。也就是说，本书的目的是通过心理灵活的领导力发展和构建出组织和团队的心理安全。

影响心理灵活性的因素

要基于功能性语境主义的心理灵活性去强调有用性，而非受限于绝对真理的框架。

例如，如果你对一个在生活中遇到困难、工作业绩不佳的团队成员说："我不知道你的个人生活发生了什么事，但你跟别人是一样的薪资，就应该有同样的表现。"从道理上来说，你是没错的，但这些话对员工提高业绩没有任何帮助。

当我们说"有用"时，我们会关注两个方面：一个是"可预测性"，另一个是能够对实现目标或指标有"影响力"。在**可预测性**和影响力中，无疑影响力更为重要。

无论是心理安全中的畅所欲言要素和互相帮助要素，还是让大家主动发表意见或大家互相帮助的指示，大多数都说得挺有道理，但实际上不会对成员的行为产生什么影响。

对于我们这些想给团队带来心理安全的人而言，**重要的不只是学习和做正确的事情，而是找到可行的方法并付诸实践来产生真正的影响。**

关注行为而不是心理活动

在可预测性和影响力方面，尤其是想产生影响时，我们关注个人或团队的行为比关注个人或团队的个性和心理更有效。

假设有一个团队成员，他开会时总是迟到。那周围的人可能会给他贴上"懒散"（性格问题）或"不思进取"（心态问题）的标签。这样的标签对预测他的动向往往很有帮助。

"他很懒散，所以下次开会他也会迟到。"

"他不思进取，所以到了截止日期他也完不成自己的报告。"

然而，**这些评价对他的影响不大**。你想不出激励他上进的有效词汇，而改变他"个性"的方法也不起作用，因此就会出现以下结果：

"他是个懒人（所以没办法）。"

"他不思进取（所以没办法）。"

让我们来亲身体验一下。请把一个手机放在手边，"目标"是你能把它拿在手里。做好准备后，请你"拿出干劲"把手机拿在手里。

你感觉如何？你拿出干劲了吗？当我们在培训和讲座中做这个实验时，大多数人的反应是"用力拿""高高举起""瞪大眼睛看"，还有人不知所措，不知道该怎么做才好。

正如刚才你所体验的那样，"拿出干劲"这个心理层面的指令很难对**目标**产生影响。

另一个需要考虑的问题是"自信"，这也是人的一种心理，或者说是人的一种性格。如果有团队成员说："我对明天的演讲没有信心。"你会怎么做？

你也许会鼓励对方："加油，要有信心，你肯定没问题的！"但这种说辞可能不足以让对方真正自信地完成演讲。

在这种情况下，关注对方的行为，而不是自信的心理或性格会更有效，也就更容易产生影响。

我们认为，**自信本身并不存在，自信只是人们给自己的一些行为贴上的标签**。换句话说，诸如"他很有自信"或"他不思进取"这样的标签只不过是对人一系列行为的总结而已。

一个人在演讲时的某些行为表现，比如声音洪亮、姿势端正、说话流利、进行眼神交流、大方地做手势等，会让人感觉他很有自信。

即使一个人觉得自己并不自信，但他说话时声音洪亮，姿势端正、面带微笑、和观众流畅地进行眼神交流并伴有大幅度的手势，这样也能接近"观众能愉快地理解""提案能通过"等目标。

也就是说，**一个人有没有信心并不是我们讨论的重点。重点应该是你是否能在学习人际交往技巧的过程中采取具体行动**。如果你不知道该采取什么行动，可以根据他人、事件的反馈确定自己的目标并逐一进行修正。让人意外的是，那些正在摸索增强自信方法的人竟然不知道这种实践和培训的方法，更别说展开行动了。

我每年要做 100 场演讲，每场演讲必会提前准备和练习。尤其在要做重要的演讲或在媒体上露面前，我都会先录制视频，检查自己的表现，不断调整并达到最理想的效果，这些过程都是我的具体行动。

通过这种方式关注自己的行为，**担心自己"没有自信怎么办"的时间就可以转化为富有成效和有意义的时间，在这个过程中还能不断提高行动的质量。**

从一支花到一束花

我们可以把"有自信、有干劲"等心理层面的问题看作是一束花。

实际上，花束只是由一支一支花捆在一起组成的，我们用"花束"一词来称呼它罢了。人心理层面的问题也是如此，每一个具体行为的集合，如"眼神交流"或"姿势良好"都被认为是一个人"有自信"的表现。也就是说，要想获得理想的"花束"（自信），唯一的方法就是仔细甄选"每一支花"（行为）（图 2-1）。

因此，我们在"有自信、有干劲"这些无法直接改变的心理层面的问题上纠结是没有意义的。心理灵活性最重要的概念就是我们要将注意力集中在可以改变的事情上，如"姿势良好"

每一个行为	行为的集合

眼神交流
姿势良好
说话流畅
声音洪亮
伴有手势

自信

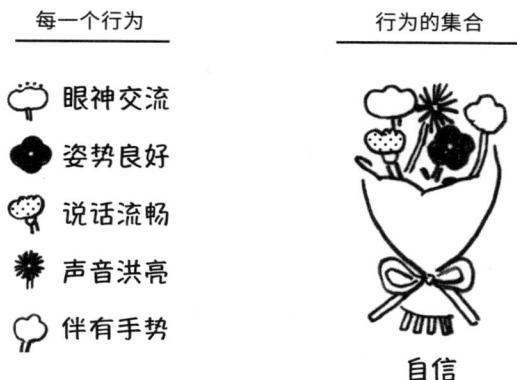

图 2-1　具体行为与行为的集合

和"声音洪亮"这样的行为上，并观察自己采取的行为是否有效。

　　研究心理安全问题的第一人——埃德蒙森教授在她的书中指出，"人们相互信任和尊重"[10]是团队心理安全的先决条件。

　　然而，信任和尊重都是人心理层面的东西，不能被"大家要相互信任"或"大家要相互尊重"等指令直接改变。

　　因此，本书不关注比如"信任和尊重都很重要"这种不能产生实际影响的内容，而是关注可以采取具体行动的内容，通过采取行动实现人们相互信任和相互尊重的结果。

行为有用取决于情境和语境

当我们谈论"有用的行为"时，我们都知道**行为本身并不总是有用的。一种行为是否有用，取决于具体的情境和语境是怎样的。**当你晋升到管理岗位时，这句话就更容易理解了。

例如，某销售人员是位销售精英，他经常拜访客户，深入倾听他们的问题。他口才也不错，每次做路演都非常成功，不断拿下很多项目。因为他出色的表现，他被提拔到经理、项目负责人等管理岗位上，这种情况在职场上很常见。

但是，如果他在成为经理以后还是沿用他以前的工作方式，大家将如何评价他呢？作为普通员工，他可以得到 100 分，但作为经理，他的得分是 0。

这是因为他在工作中的角色和目标发生了变化，从"提高自己的销售额，胜出"转变为"为团队成员提供支持，帮助他们取得成功"。同一种行为，它的效用会因为具体的情境、立场和语境的不同产生变化。而**心理灵活性就是要求人根据情境、立场和语境的变化，灵活地切换自己的行为，确保行动有效。**

正如本书在开篇提到的观点，毋庸置疑我们正处于一个激烈变革的时代。正因为我们处在没有正确答案、不断变化的时代，就更需要这种心理灵活且柔韧的领导力，这样我们才能够根据世界、社会和时代的变化适时改变自己的行为。

心理安全四要素是行为的集合体

事实上，心理安全四要素也可以分解为一个个具体的行为。

畅所欲言要素的具体行为有：

谈话、倾听、及时回应、做汇报、看着对方的眼睛听他的汇报、闲聊等。

当团队成员中出现了许多诸如"表扬汇报这一行为本身（不管汇报内容是什么）"的行为时，我们就认为是满足了畅所欲言要素。

互相帮助要素的具体行为有：

发现问题，提出问题，给出意见，承认自己无法独立处理问题，享受问题，和大家一起想办法将危机变成机会，广泛征集解决问题的办法，思考团队的业绩而不是个人的业绩。

敢于挑战要素的具体行为有：

挑战自我，抓住机会，创造或给予机会，实验，探索，验证假设，改进，下功夫，尝试新的事情，欢迎变化，敢于面对社会或客户的变化，赞扬和欢迎挑战，接纳失败，接受现实生活中的反馈，质疑常规。

开放包容要素的具体行为有：

在团队中可以展示个性，也欢迎个性，根据人的强项分配任务，做事不拘泥于常规，避免变得陈腐并观察人的行为，拒绝平庸，把批评暂时搁置，坦诚地分享自己看问题的方式或借鉴别人的经验，认为事物的区别是有不同但没有好坏。

增加与心理安全四要素相关的行为的数量，或简单来说，**增加心理安全所需要的 4 类行为，减少不需要的行为**，是管理者、领导者和那些发挥着领导力并且要在组织和团队中努力构建心理安全的人的工作。

心理安全也可以被称为组织和团队的关系和文化（工作氛围和文化）。 但当我们谈到关系和文化时，我们如何直接影响它们？这是一道难题。

关系和文化实际上是一个个行为的集合，即"学习的产物" [11]，只有当我们把它们看作是团队的行为模式，并讨论如何改变它们时，我们才能知道该怎么做。

第一步就是要关注团队的行为，这最终会改变团队的关系和文化。

因此，根据组织和团队所承载的历史和背景，或者根据每个人的特点，灵活地激发团队的行动，这就是心理灵活的领导力。

个人拥有心理灵活性的 3 个要素

即使我们下定决心要变得灵活一些（这也属于心理层面的问题），但要真正变灵活也是不容易的。

那么，一个人如何才能拥有心理灵活性呢？下面介绍一下让我们拥有心理灵活性的 3 个要素（图 2-2）。

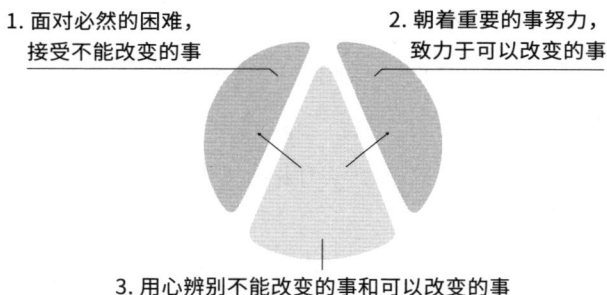

图 2-2　心理灵活性的 3 个要素

1. 面对必然的困难，接受不能改变的事。

2. 朝着重要的事努力，致力于可以改变的事。

3. 用心辨别不能改变的事和可以改变的事 [12]。

人的心理灵活性就是他自身能够拥有并使用这些行为模式的品质。当一个人的心理拥有了这 3 个要素，他就能够根据情况、立场和背景采取有用的行为模式。

想拥有心理灵活性，第一个要素意指**人在面对必然的困难时要持开放的心态**。

在企业发展的过程中，会出现各种意想不到的问题，比如客户投诉、团队犯了无法挽回的错误等。如果错误和问题已经发生，那么事实本身是无法改变的。在这种情况下，我们可以积极探讨并思考应对错误和问题的方法，我们能够全力以赴。

但是，阻碍我们进行积极思考与探讨的东西正是我们自己知道要面对困难的情绪。

第二个要素意指我们要**以实际行动参与到自己所在的团队或组织要实现的目标及所看重的事项中**。

在这个要素中，将"重要的事"用文字或语言描述出来是非常重要的。把组织的愿景和使命用具体的文字描述出来，使它成为团队日常或某项目的工作意义和目标，这个过程尤其重要。然后，再将工作的意义和目标与个人重视的东西、努力的方向以及想要持续采取的行动联系起来。这样一来，即使在工作中遇到困难，也能鼓励大家采取行动并从中感受到工作的意义。

最后一个要素是**有意识地区分那些不能改变的事物和可以改变的事物**。

在上一节我们讲过，我们很难解决人在"有自信、有干劲"等心理层面的问题，所以要把重点放在自身的行动上才更有效。区分可以改变的事物（如行为）和不能改变的事物（如心理）并不像看起来那么简单，我们需要经过一些训练才能掌握。

此外，还有人提出，有用与否取决于情况、立场和背景是怎样的。工作中有许多重要的事，但在某一刻、某种情况下意识到哪件事情是当下最值得重视的，这就包含在第三个要素中。

近年来，正念和坐禅已被引入商务培训中，所以你可能听说过"正念"这个词。在现阶段，你可以把正念理解为一种充满觉知的状态，是一种能够让人客观地、全面地观察和看待问题的状态。

这 3 个要素并不是孤立存在的，而是相互影响的。

例如，正是因为朝着重要的事前进，我们才能面对和克服困难。正是因为我们意识到这是无法改变的事情，所以我们才会想既然无法掌控它，那就试着接受它吧。从这 3 个比较容易学习的要素着手，对后续学习其他让心理更具有灵活性的要素也会产生积极的影响。

下面，我们将逐一剖析与心理灵活性有关的 3 个要素。

面对必然的困难，接受不能改变的事

这里所说的"必然的困难"是指畏难的想法和情绪，而不是实际的障碍和困难本身。

第一个要素的重要作用在于**减小我们在采取行动前的心理阻力**。

在给团队带来心理安全的过程中，在这个没有正确答案的时代，我们可以预见，每天的工作都会遇到困难和障碍。阻碍我们面对困难采取积极行动的是畏难的想法和情绪。

这一心理灵活性要素就是要我们心态开放地接受畏难的想法和情绪，不过如果你没有接受过足够的训练，那么即使是迈出改变自己的行为或待人接物的方式的第一步，之后也会是困

难重重。例如，当别人提出团队心理安全开放包容要素的观点时，你的头脑里会冒出一些**不同意这种做法的看似非常合理的理由，或者是"不必如此"的想法**："我们当然很欢迎新同事入职，但现在新人也帮不上什么忙，大家又这么忙，以后再开欢迎会不是也行吗？"最终，团队可能真的会不举办新人欢迎会。又或者，你想让大家在团队中畅所欲言，于是说："**大家有什么想法尽管说出来。**"但当他们真的提出意见时，你可能会显得很不高兴，通过非语言的方式向每个人传达了一个信息："**不要说多余的话。**"

　　磨炼自身面对必然的困难，接受不能改变的事，会让你不再受畏难想法和情绪的束缚，行为也不再受到限制，你可以多采取一些提高心理安全感的举措，改变惩罚性和引人焦虑的行为。

　　要学会如何**面对必然的困难，接受不能改变的事，即心态开放地接受畏难的想法和情绪**，我们可以从以下两个角度来审视自己。

　　1-1 纠正"想法 = 现实"的习惯

　　1-2 接受不良情绪，而不是控制它

　　下面我将围绕这两个角度展开说明。

1-1 纠正"想法＝现实"的习惯

"想法＝现实"是指将想法和现实混为一谈、二者没有界限的状态[13]。

这里的想法指的是出现在你脑海中的文字、声音或图像。甚至是读到这里的你在这一刻可能在想："这个作者说的是什么意思？"或"原来如此。然后呢？"你会意识到那些在你脑海中出现又消失的语句。

图 2-3 有助于你更好地理解"想法＝现实"的含义。

想法＝现实　　　　将想法与现实区分开

图 2-3　区分想法与现实

图左侧是"想法＝现实"的状态，即我们透过有色眼镜，也就是我们用自己的想法和情绪这种有偏见的眼光来看待世界的样子。

我们知道人都有自己的想法，所以有时我们会认为他人戴着"红色眼镜"会觉得"上司心情不好，最好别现在给他看企划书"，认为心情不好的上司会被蒙蔽双眼，我们需要考虑更好的对策。

而你自己也可能是那个戴红色眼镜的人。 令人意外的是，我们根本没有意识到自己正戴着"年轻／年长""男性／女性""理科／文科"的红色眼镜在看待工作。

而这些**"红色眼镜"，指的是语言、想法和情绪这类我们从小就"戴"着的，一直"戴"了几十年的东西。** 所以，想拥有心理灵活性，很重要的一点是我们要懂得**"没有人不戴红色眼镜"这个前提条件。**

对我们来说，戴着红色眼镜是如此自然。因此，要认识到这一点就像意识到自己每天都被空气包围着一样困难。

也许你会想："我能摘下红色眼镜，不戴滤镜看待事物。"因为这部分内容有点复杂，我希望你冷静下来，深呼吸，然后再继续阅读。

正是你的脑海中浮现出"我能做到"这个想法，让你觉得"我真的能做到"。然而，你有**这种感觉本身就是你透过红色眼镜看到的"现实"而产生的。** 这个例子也说明人将想法和现实混为一谈是多么司空见惯。

当你真正纠正"想法＝现实"这个习惯时，你想的将不再是"我能做到"，而是**"我认为我做到了，但不知道是不是真的"。** 这样你就能轻松处理自己的想法了。

"想法 = 现实"引发的问题

有关语言的力量，我们将在第 4 章详细论述。在本节中你需要了解的是"想法 = 现实"的这种做法不仅会给你带来麻烦，而且也会给团队的领导者带来各种问题。比如：

◇ 会不自觉地根据自己的偏见或刻板印象来判断别人，从而无法完全挖掘出对方的潜能。

◇ 停留在过去的成功经验中，跟不上时代的变化。

◇ 在引入新技术或新做法时，即使团队成员的反应不好，自己也会固执地认为"他们都不正常"，也不做出改变。

◇ 自认为"这是规范、这是常识""最好保持现状"，不会主动改进工作的流程。

简言之，"想法 = 现实"的问题在于**想法是先于现实反馈的，并且它会降低我们感受现实反馈的敏锐性**。

那么，我们如何才能纠正"想法 = 现实"的习惯呢？首先我们要意识到自己有"想法 = 现实"的习惯，然后不断削弱其中的"="。

意识到"想法 = 现实"

你是否有时觉得自己才是最正确的？自己怎么也无法理解别人？此时就是你意识到"想法 = 现实"的时机。

　　当你觉得怎么也无法理解别人时，就很容易否定他人的一切。然而，一个人从出生到死亡，不可能在人格上、在做的所有事上都是不对的。因此，在很多情况下，你面对的那个人只是在那一刻的行为或判断不对而已。或者，只是你的期望和对方的行动之间存在差距，而这种情况只不过是多发生了几次。

　　在这种情况下，人们一般都想将事情分出个是非黑白，试图证明自己没有错，或想让对方向自己认错。这样做会让你的视野变窄，削减你投入到有趣的事情和创造性事物上的精力，并限制你生活中的思考空间（此时，人就会出现惩罚性和焦虑的情绪）。

　　然而，试图证明"是对是错"或"是黑是白"这种行为本身往往是没有成效、没有用处的，因为如果这个过程进展顺利，多少会让人感到一点儿安慰，如果进展得不顺利，则只会让人焦虑不安。即便你真的都对，但证明你是对的，一味指责对方是错的，也无益于构建团队的心理安全并发挥出每个成员的个人潜力。

　　因此，意识到你正试图以非黑即白的方式来看待事物就是纠正的第一步。当你发现自己认为"这肯定不对"时，就是开始改变的契机。

改变提问方式的训练

　　当我们陷入非黑即白的思维模式时，可以试着用改变提问的方式来摆脱这种困境。

　　我们在提问时期待对方在对错之间做出二选一的回答。许多用 YES 或 NO 来回答的封闭式问题也是如此逻辑，例如喜欢还是不喜欢，做了还是没做，A 还是 B，这个还是那个……因为这些问题的答案会让人觉得"和自己很像的就是朋友"，而"与自己不一样的就是敌人"，然而事实并非如此。提出开放性问题，才更容易摆脱"想法＝现实"中明显的"＝"和非黑即白的思维模式。

　　请你做一个深呼吸，从"可能有其他可能性"的角度提出问题，比如："那个人做的也有合理的地方吧？""站在对方的立场上，人自然会做出如此反应吧？"通过这种方式，可以减少我们非黑即白的想法，让我们的生活更加丰富多彩。

　　利用这种做法可以削弱我们思维中"想法＝现实"中的"＝"。

　　"错误的想法要被纠正"，这是主流的观点。然而，**心理灵活性科学（ACT）很少关注人想法本身的正确与否或真实与否，备受学科重视的是"＝"的力量，可以理解为"受制于个人的想法"。因为想法的对错取决于背景和情境是怎样的，所以被想法束缚是无益的。**

　　对于不同的想法，具备心理灵活性的处理方式是**如果一种想法在现在这种情境和背景下有用，就会采用这种想法，**如果现在没有用，将尝试另一种想法。

　　在这个正确答案瞬息万变的时代，要构建团队的心理安全，**比执着于想法的正确性更有价值的是思考想法是否正确。**

1-2 接受不良情绪，而不是控制它

人要控制不良情绪是指要与消极的想法、情绪、感觉和记忆做斗争，并试图控制、规避它们。

众所周知，这种试图控制不愉快的想法和情绪的"斗争"（专业术语叫作"经验回避"）[14] 会导致人出现一系列的问题，例如抑郁症和焦虑症等。

❖ 人们在职场或个人生活中遇到很有压力的事时，会试着通过饮酒来**缓解焦虑和孤独**。

❖ 在感觉无聊或睡前心情郁闷时，人们会试着通过吸烟、吃夜宵或玩游戏来**分散自己的注意力**。

❖ 人为了忘记或不再想起身体上的疼痛或不愉快的记忆，会有**"我不应该想这个，要想一些有趣的事情"**的想法。

在给组织和团队带来心理安全的背景下，如果有许多成员和领导者都有这种与思想和情绪的斗争，就很容易出现以下几种情况：

❖ 在工作出现麻烦或问题时，团队**并未建设性地讨论对策并齐心协力处理问题**，而是质疑成员的能力或追究个人的责任。

- ◇ 团队在一起讨论问题只是**图个心安**，大家收集信息但不做决定。
- ◇ **不思考失败的教训**，不能预判必定会出现的风险。
- ◇ 对客户的投诉和反馈置若罔闻，没有适当的反应，能改进的地方也不改。
- ◇ 领导者不鼓励发起"挑战"，并要求团队成员提交详细的工作报告等这类微观管理。**这制造了团队的焦虑情绪。**

出现由焦虑和惩罚驱动的心理不安全的团队，在很大程度上是因为该团队做不到前文提到的"接受不良情绪"这件事，反而继续与之斗争。

因此，心理安全感低的职场中，虽然焦虑和惩罚可以让成员更加努力地工作，但其弊端显而易见——在这样的职场中，**成员的时间和精力大多被浪费在处理不良情绪上，而不是用在为客户创造价值或帮助自身成长上。**也可以说，人专注于控制不良情绪，就意味着要**花时间和精力逃避自己不喜欢的东西。**然而，如果人在工作中一味地逃避不喜欢的东西，即使逃避成功了也**不代表他实现了自己的目标或到达理想的彼岸。**

这就好比一个想成为职业足球运动员的少年说："我不想训练，因为训练可能会受伤，受伤了就会很痛！"或许与每天参加足球训练的人比，他很少受伤，但他也失去了足球带来的快乐和满足感，其能力也不会有大的提升。

　　但是，这并不是与不良情绪做斗争毫无意义的唯一原因。

　　众所周知，我们**基本不可能一直都逃避或控制不良情绪（想法、情绪、感觉和记忆）**。虽然有点唐突，但请你试着做一个简单的练习。

　　一分钟内，请你绝对不去想红气球。

　　这个练习怎么样？让人做到"不去想 ××"，反而更让人去"想 ××"。

　　不仅仅是气球，对于焦虑、愤怒、某段记忆、某个你不喜欢的人也是如此。**对于自身不良的情绪（也包括想法、感觉和记忆），控制是没有用的，控制反而是产生问题的根源。**

我们为什么会一直与不良情绪做斗争

　　与"想法 = 现实"一样，希望能控制并试图去控制不良情绪似乎是人类的天性。我们为什么要这么做呢？

　　我们会解决许多日常生活中的问题。如果房间里有垃圾，我们可以把它捡起来放到垃圾桶里。在商业领域也是如此。如果是预算问题，我们可以做个说明要求对方补充预算，如果是资源问题，我们可以雇佣有才能的人来解决问题，或开发出一个能自动解决问题的计算机系统……在商业领域，我们每天都在解决问题。

　　通过不断地解决自身以外的问题即物理世界的问题，人们形成了一种观念：只要我们付出努力，处理得当，问题就可以得到控制和解决。

那些工作做得越出色、业绩越好的人，这种观念就越强。而且，除了控制自身以外的问题，他们还会开始控制内心的东西（想法、情绪、感觉和记忆）。

但是，身外之物和内心之物（想法、情绪、感觉和记忆）是完全不同的。内心的问题不是像把房间里的垃圾捡起来放到垃圾桶里就能解决的。相反，原本你是要把"垃圾"扔掉的，结果这个"垃圾"反而在内心占据了更重要的位置，就像"不要去想红气球"那个练习一样，你会着重去想"红气球"。

我在前文说过，个人的心理灵活性是能根据立场、情境和背景不断转换行为方式，最后采取有用的方式去解决问题。红气球的例子也说明，我们在解决身体之外的问题时很有用的方式，在解决不良情绪即想法或情绪问题时是不起作用的。

接纳并品味不良情绪

无论是在个人生活还是工作中，我们要解决由控制不良情绪引发的各种问题，就**要去接纳不良情绪**。"接纳"意味着**公开地、积极主动地去品味自己消极的想法、情绪，不愉快的感觉和记忆**。

这意味着"不管你拿到什么样的牌，只能用它去战斗"[15]，也只能"对生活说 YES"[16]。

最后，我们必须**放弃**这样一种幻想：如果满足一定条件，

那我就不会再有痛苦，坏情绪会被完全驱逐，我就能一直保持好心情。

我们的生活中必然会有痛苦，生意上必然会有困难，真心接受和理解这一点也非常重要。不要再依赖于虚无的幻想（例如"总有一天会一直保持好心情"），脚踏实地向前看，试着学会接纳，这就是**"创造性绝望"**[17]。

当你学会接纳，你就会**把想法只作为想法来体验，把感受只作为感受来体验，把感觉只作为感觉来体验，把记忆只作为记忆来体验。**你不会再把它们看作是不应该出现在你生活中的东西并试图摆脱它们，而是选择与其共存。而事实上，这会让我们不再被消极的想法和感受所支配。

其实，接纳指的就是我们**能对生活中所有的经历说 YES，即便是负面的想法和感受也不例外**。就像那个男孩，想成为职业足球运动员就要主动接受训练带来的痛苦和困难一样。

这是一件好事

在遇到麻烦时，团队拥有心理安全四要素之一的互相帮助要素显得尤为重要。在遇到麻烦时，我们的建议是首先对自己说一句"这是一件好事"，然后再与你的团队分享，大家一起说出这句话。

这样更有利于你接受已经发生的甚至非常严重的问题，你也不会再与无法改变的事情（即已经发生的问题），或是伴随着问题出现的想法或感受做斗争。而且，你将能够以一种更现实的方式处理这种情况，而不是执着地寻找罪魁祸首或让自己感到焦虑不安。

我在一次讲座中，有过这样一个小插曲。

我们租用大学礼堂为工程师举办演讲活动，有 200 多人参加。活动开始大约 10 分钟后，就在我做完自我介绍和预热，即将开始主题演讲时，演讲所用的屏幕突然全部蓝屏了。

一名工作人员急忙赶到讲台上检查情况，但现场貌似不能很快解决。于是我像往常一样对着会场的观众说："这是一件好事。在我们公司，发生这种情况时我们首先会说一句'这是一件好事'。麻烦总会出现，但你无法改变已经发生的事情，所以现在指责别人并不能帮助我解决蓝屏的问题。"

那次演讲的对象是工程师，他们经常使用社交软件，这场活动在网上也就有热度，我浏览网页后才发现，大部分人竟然都积极地接受了这个小事故。

这件事证明，我不是一个只会嘴上宣传心理安全和心理灵活性技巧的人，而是一个真正的实践者，我能够灵活地处理眼前出现的问题。

团队或个人缺乏"面对必然的困难，接受不能改变的事"这个心理灵活性要素时，会在遇到困难时优先处理不良情绪，有的领导者甚至会对下属和同事说一些没用的大道理，进而降低团队的心理安全感。

其实，我们建议大家用更加灵活的态度来面对问题。

我们在工作中肯定会遇到麻烦和意外，麻烦和意外都是开展业务的前提条件，我们应该好好享受这一切。

朝着重要的事努力，致力于可以改变的事

我们前面讲过，面对必然的困难，接受无法改变的事情，可以减小采取行动时的心理阻力。而朝着重要的事努力，致力于可以改变的事可以给你前进的驱动力[18]，也就是让你更加灵活地采取更多的行动。

让我们回想一下前文讲过的工作标准，可能有助于你理解"驱动力"的含义。在心理安全感低的严苛型职场中，工作标准却很高，这是通过惩罚性措施和制造焦虑让人努力工作的管理办法。

而在具有高度心理安全感的学习型职场中，工作标准也很高，这种职场环境鼓励人们采取行动，赋予工作以正面意义和价值，并推动大家实现自己的目标。也就是说，让心理安全发挥作用的就是"朝着重要的事努力，致力于可以改变的事"中心理灵活的领导力。要想实现它，做到以下两点非常重要：

2-1 明确什么是重要的事，并用语言表达出来

2-2 采取具体行动，朝着重要的事努力

2-1 明确什么是重要的事，并用语言表达出来

无论是个人、团队、组织还是企业，清楚地表达重要的事是什么、目标是什么，这一点比想象中更重要。对重要的事缺乏明确的认识、目标模糊不清，会对个人和团队业绩产生负面影响。

如果一个人不了解工作的意义和价值，那么工作本身就只是一项任务，是不得不做或习以为常的事，它只是挣钱的一种手段，并逐渐沦为自己需要忍受的东西。

作为一个组织或团队，我们的愿景、使命是什么？我们为谁服务？我们对客户的承诺是什么[19]？如果不搞清楚这些问题，我们在工作中就只会依据"有没有销售利润""能否用现有资源完成它""是否有风险"来做出判断，以及以别让客户生气为准则。

而如果你对重要的事有清晰的认识，那你就可以对团队成员或商业伙伴提出更高的要求。如果你不知道什么是重要的事，那你就只会关注浮于表面的人际关系，对标准较低的工作做出妥协。

知道对自己来说什么最重要，知道公司、团队、具体项目中最应该看重什么，这两点很重要。

站在个人角度确定什么事对自己最重要，并不是让你一定要遵守社会常规或迎合别人的期望。重要的是，你本人可以自

由选择你真正想要的东西。也就是说，重要的事像指南针，它
为你指明前进的方向。

2-2 采取具体行动，朝着重要的事努力

如果 2-1 中重要的事是你行动的指南针，那么 2-2 就是告
诉你朝着自己明确的方向前进时到底该怎么做。

只有在向想去的地方前进或在完成目标的过程中，人们才
会受到伤害。所以，当你真正朝着目标出发或准备采取具体行
动时，你很可能会想"会不会失败""被拒绝了怎么办""会不
会出糗""现在是不是还不是合适的时机"等问题，这些想法都
会阻碍你采取行动。

假设你是一位法律工作者，你为自己的工作感到自豪，并
且一直在提高自己的业务能力。而在这个过程中，有人对你
说："你似乎不擅长做销售。"你并不会感到伤心。但是，如果
你在自己非常看重的事情上犯了严重的错误，或者被人认为能
力不足，你就很容易受伤。因此，在实现自己目标这件事上，
有人会找理由说："我想做，但是没有时间"，"在做好准备之
前，我不会采取行动"，或是"要做就做到最好，现在还不是
时候"。

这些我们在朝着重要的事努力时出现的负面想法，正与前
文我们讲过的畏难思想相呼应。如果我们与这些畏难思想做斗

争，就会消耗我们朝着重要的事前进的动力，从而无法采取行动。在这个意义上，心理灵活性第一个要素和第二个要素存在着非常紧密的联系。

朝着重要的事努力不仅仅是说一句"让我们行动吧！"这么简单，重要的是我们要采取行动。

有时候，我们一开始是朝着重要的事出发的，后来突然发现自己已经偏离了原来的方向。当你还是学生的时候，你有没有过在考试前打扫房间或整理桌子的经历？打扫卫生和整理都是行动，但在考试前做这种事却不是有用的行动。对于自己当下的行动，或者团队当下的行动，要经常自问："这是朝着重要的事努力的行动吗？"若有偏差要及时纠正，这非常重要。

不要只是站在原地向自己的目标投飞镖，命中就很开心，未命中就伤心。我们要像搭载 AI 的无人机一样，在接近重要的事这一目标的路程中灵活修正前进轨道。

2-1 中明确了重要的事是我们前进的指南针。而 2-2 则是指我们长期向着重要的事的方向行动的做法（重要的事可能有好几个，所以你必须灵活选择在当下应先向着哪个方向前进）。

为了我们能继续灵活地朝着重要的事前进，学会、尝试更多行动方式非常重要。

在这个没有正确答案的时代，我们在尝试新的方式的过程中就要坚信并投入其中。你可能会失败，结果也可能不如预期，会被别人拒绝或会感到尴尬。然而，为了一直朝着重要的事前进，即使坚信并投入其中后失败了几次，你也不能停止行动。失败后或许我们需要稍做休息和调整状态，然后要再次行动起来，直到让自己建立起一种更有效地接近重要的事的行为模式。这一点很重要。因为为组织带来心理安全的行为，最初也可能被拒绝或被反驳。

在这样的情况下，你心里可能在想："我们很难在这个组织中引入心理安全，时机尚未成熟"，或"心理安全并不重要，我们尝试××思维或团队××吧""对我来说，带领团队太难了"等等。不要让这些畏难的想法控制你的行动，要继续按部就班地采取自己的行动。

构建心理安全是团队要做的重要的事之一，根据团队和组织的情况灵活地改变具体行动也至关重要。

用心辨别不能改变的事和可以改变的事

在领导力的必备要素——心理灵活性方面，我们一直强调组织中的人要根据团队的背景和历史做有用的事。这是因为，在这个没有正确答案的时代，想要培育组织和团队的心理安全，就不要盲目相信所谓的"正确答案"，不要在未确认团队和成员前进方向的情况下就贸然行动，而是要关注团队和成员的反应，依此灵活改变团队和个人做事的方式和行动方向。

用心辨别恰恰是在当下采取灵活而恰当的行动所必需的要

素。简而言之，用心辨别意味着我们要**持续关注此时此地正在发生的事情**。如果不用心，关注度不够，我们就会处于心不在焉的状态。

心不在焉时，人就无法专注于体验当下发生的事，而是陷入脑海里想法和感情的旋涡中。要摆脱这种状态，让自己做到用心辨别，可以从以下两方面入手。

3-1 意识到并专注于当下
3-2 从"主角视角"变为"观察者视角"

前者关注的是"对过去的遗憾和对未来的恐惧"，后者关注的是"自我概念"。

3-1 意识到并专注于当下

当我们没有意识到并专注于当下时，就容易陷入回忆并为过去的事感到后悔，或者对未来充满忧虑。

这样的后果是，我们的视野会不断缩小，大脑里的想法开始超越五官感所知到的现实，并且大脑中的想法会营造一种现实感。

例如，你是否经历过这种危险的事？正在开车的你突然想到了一些工作上不好的事情，结果差点因分神而酿成交通事故。当你沉浸在对过去的遗憾和对未来的恐惧中，没有注意到当下时，你的工作和生活就容易出问题。

当然，我们思考过去和未来本身并没有错。

回顾过去，发现并努力改进自己在工作中的不足，发现下属的优点并告知对方，这些都是有价值的。展望未来、规划未来和模拟未来也具有重大的意义。但问题在于，我们人类的语言是很发达的，对当下的体验太少，我们生活在一个由过去、未来和语言组成的世界里。从图2-4中就可以看出这一点。

图 2-4　心不在焉和专注于当下

看着同样的风景，具备语言能力的人类会立即想到过去和未来，而这些并不存在于此时此地。这样做实际上毫无用处，只会让人徒增烦恼。但没有语言能力的动物却可以只是观察当下原本的样子。

专注于当下，我们可以从正在发生的事情中学习，得到启发并纠正自己的行为。

如果你在开车时专注于当下，那么当你转弯时，你就能清楚地感知到自己扭转方向盘，如果你觉得方向盘转得多了，就把它往回纠正一点，这就是对自己行为的实时反馈，我们就可以不断向前迈进。

我们能否将注意力从无法直接体验的思想世界中转移到可以直接体验的感官世界？即我们能否用心关注此时此地？大家可以在家里、在上班的路上、在办公室里尝试一下。如果没有语言能力，我们原则上也只能体验当下。

是否关注并意识到身体的感觉（阅读文字时眼睛在移动、手接触纸张或设备、衣服或头发接触身体的这些感觉）和正在思考的问题（例如开车时确实有过吓出一身汗的经历、汽车的例子与我的工作有关系吗），体验当下的选择权始终掌握在你自己手中。

创造正念的状态

坐禅和正念练习是可以培养我们回到当下的能力的训练方式。

正念是一种源自佛教和禅宗的冥想法，美国麻省理工学院医学院的名誉教授乔·卡巴金（Jon Kabat-Zinn）在 1979 年把正念减压疗法[20]带入了医学领域。

　　乔·卡巴金教授剥去了正念的宗教色彩。1993 年，他的《正念减压疗法》一书（原著英文直译名：《充满灾难的人生：利用你的身心智慧面对压力、痛苦和疾病》）被翻译并引入了日本医学领域。2014 年，荻野淳也等人创办了正念领导力机构，将谷歌公司的一个名为"搜索内在的自己"的培训项目引入日本商业领域。

　　正念（或冥想，Vipassana）和坐禅有许多不同的方法，初学者在入门时可能会因为不知道用哪种方法更好而感到困惑，其实使用正念的关键是我们要关注当下，觉察到自己在这一刻的体验，并与语言世界保持距离。

　　但实际上我们这些已经掌握了语言的人很难做到与语言世界保持距离，因为我们经常用文字思考，比如思考"如何与语言世界保持距离"这个问题或会产生"我已经厌烦了"的想法。

　　因此，把语言作为察觉的工具和媒介不失为一种很好的策略。具体来说，就是在自己的头脑中把浮现出来的想法、身体的感觉、记忆和感情分别标记为"杂念""隆起""孤独"等。请参照图 2-5。

　　正念有很多不同的做法和流派，但只要能做到关键的"接触当下并觉察到此刻的体验"及"与语言世界保持距离"，你选择任何方式都没问题。只要关键点符合要求，你就可以用最适合你的方式练习正念和坐禅。我们应尽量把更多的注意力放在正念的实践上，而不是放在正念流派的选择上。

图 2-5　与语言世界保持距离的标签

你可以先尝试一下：在椅子上调整好姿势，轻轻闭上眼睛，专注于你的呼吸和身体感觉，把腹部的起伏标记为"隆起"和"收缩"，把不时浮现的想法标记为"杂念"，然后将注意力回归到你的呼吸和身体感觉上 [21]，这样坚持 5 分钟。

3-2 从"主角视角"变为"观察者视角"

当我们被要求做自我介绍时，"我"就是"故事主角"。

我们会很自然地关注姓名、年龄、性别、学历、工作单位、职业、技能、奖项、成就、生活方式、信仰等要素，并把主角"我"与这些要素联系起来。如果这个"联系"过于突出，原本自然且拥有无限可能的"作为主角的我"就会缺乏心理灵活性。

执着于"主角视角"本是为了保护自己的个性或形象，却导致人一直采取对重要事项的进展无益的行为，即便机会降临也不会改变，继续沿用固定的行为模式。此时，为了维护自己的形象，出现问题时人还会开始辩解和找借口。

在此，请想一下埃德蒙森教授对心理安全的定义，"团队成员之间持有共同的信念，即便在团队中承担人际关系风险也是安全的"。而人际关系风险指的就是别人认为自己无知、无能、带来麻烦或其他消极印象的风险，也就是"我 = × × ×"，即自己遭到质疑的风险。

在团队中，人因为害怕自己的"好形象"受到损害，所以会忙着应付人际关系，因此更倾向于只做简单的工作，不努力进取，因为这样做就能避免露出破绽。

心理灵活性是领导力的必备要素

我们要把视角从"主角视角"变为"观察者视角"，这正是对抗焦虑的方式之一。

作为领导者，你的工作重心不能是维护自己领导者的形象，而是要改变作为主角的"我"的视角，承诺提升业绩，要和团队共同前进，这样才能为大家做出良好的表率。

执着于"主角视角"，你就会觉得失去与自己等同的"符号"是比公司遭受巨大损失或自己一直不幸福更为痛苦的事（图

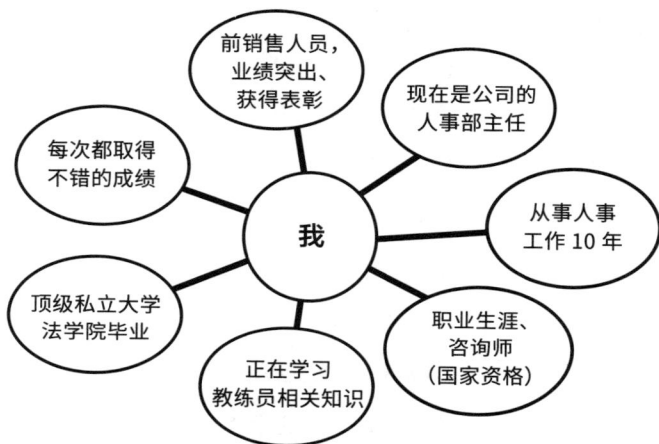

图 2-6　"我"陷入主角视角的束缚（顺时针方向看）

2-6）。于是，为了不失去自己的身份，你开始指责他人、公司和环境。

我们来看一个例子。如果一个组织的负责人认为自己是一位优秀的战略家，自己之前制定的每一个战略都很成功，那么，即使当下的战略或政策是错误的，在他勉强取胜之前他也不会退缩。因为这会威胁到他作为"优秀战略家"的身份。

我举这个例子并不是说你应该提高自我效能感。重要的是你要明白一点，即无论你的自我评价是低还是高，只要你坚持这种自我感觉，你就会失去心理上的灵活性，工作上就会出现问题。

例如，如果你的自我效能感很低，认为"自己什么也做不好"，那么即使是一些简单的挑战你也会逃避，因为你觉得自己不可能完成这个挑战。或者，你在尝试挑战后获得了很满意的结果，但你却认为"这一定是侥幸"，尽管它可能为你指明自己擅长的领域和自身的才能，你应该继续加以磨炼，但你不接受这种成功。

"我非常优秀"这种自我感觉在心理上也是不灵活的，因为人们不愿承认自己不优秀这一现实，比如说不能接受自己犯错误和失败。

在心理灵活性 1-1 中，我们阐述过想要拥有心理灵活性，应该弱化"想法＝现实"中的"＝"。其实，3-2 从"主角视角"变为"观察者视角"是各种应该被重点关注的"想法＝现实"的部分。

"想法"指的是关于自己的故事，即语言上关于自己的概念，而"现实"指的是自己的实际情况。

从团队心理安全的角度来看，领导者或变革者强烈的"主角视角"是团队前进的一大障碍，因为它使我们无法灵活地改变政策和行动来适应团队当下的需求。我们也不能奢望这样的人能在不同场合使用不同的领导力。

就成员而言，执着于"主角视角"，即自己的角色，往往会阻碍他们挑战自己或寻求帮助。

"观察者视角"

简而言之，"观察者视角"意味着自己相当于一台观察世界的相机。你可以从远处观察自己的想法、情绪、感觉和记忆，就好像你观察别人的想法、情绪、感觉和记忆一样。

换句话说，当你像一台相机一样观察世界时，你就是观察者。而这个世界也包括你头脑中的"世界"，包括你自己的思想和感觉。"观察者视角"意味着我们从远处观察自己的想法、情绪、感觉和记忆，就好像在看别人的想法、情绪、感觉和记忆一样。当你有这样的鸟瞰视角时，你就能摆脱那些制约你的想法，比如"这不是我的性格"等。而且，即便自己的决策失败了，你也不会有自我形象受到损害的感觉。

当你睡过头无法按时到公司时，既然时间无法倒流，相比陷入"这下可惨了""我要挨批了"等想法中，还不如冷静地与这些想法保持距离，集中精力做自己力所能及的事，比如联络必要的人等，这样会更有建设性。

每当发生某件事，比如有突发事件时，我们往往会对其做出反应。而"观察者视角"让事件和反应之间有了空间。正是这个空间创造了行动选项。我们通过"观察者视角"获得的这个空间，能帮助我们扩大灵活行动的范围，即我们的行为选项变多了。

"观察者视角"练习

假设你是一台照相机，请试着通过取景器内观自己的想法和感受。你可以尝试大约 30 秒。

在这段时间内如果你脑海中浮现出"这是什么情况？"这一想法，就好比取景器中出现了一座山，而你就是它的观察者（此时如果你的想法是："这样啊，我明白了！"这种想法也同样可以是你的观察对象）。见图 2-7。

图 2-7 透过取景器观察

或许你已经体会到，站在"观察者视角"，无论自己头脑中有什么想法，都不会因此惊慌失措、受到伤害或威胁。这是一个安全的位置，你只是看着自己生活中发生的事情罢了。这就如同我们看一部电影，无论影片多么悲伤或主人公面临什么样的困境，都不会伤害到你这个观众。

　　想要创造一个心理安全的职场，有时必要的良性冲突和严厉又正向的反馈必不可少。当然，这种环境中，也会有让人不想做的工作。

　　当人只想着不想做工作时，思维会变得僵化，行动范围也会受到限制。在这种情况下，让自己回归到"观察者视角"是很有帮助的，这能让你做出正确的决定，采取正确的行动，而不被上述想法困扰。

利用行为矩阵，打造心理灵活的团队

　　在本章的最后，我想介绍一种名为行为矩阵（ACT MATRIX）[22]的心理灵活性工具。

　　行为矩阵由两条线组成，一条是水平线，一条是垂直线，如图 2-8 所示。

　　矩阵的上半部分是"感官体验"，即可见的行为。

　　矩阵的下半部分是"精神体验"，即头脑中的东西（想法、情绪、感觉）。

　　矩阵的左半部分是"离开、逃跑"，即不快乐的事情。

　　矩阵的右半部分是"靠近、获得"，即快乐的事情。

　　如图所示，这个矩阵可以归类不同的经验。各种经历过和被迫经历的事的记忆以及过去或未来的行动可以在上半部分进行归类，而想法、情绪和感觉可以在下半部分进行归类。

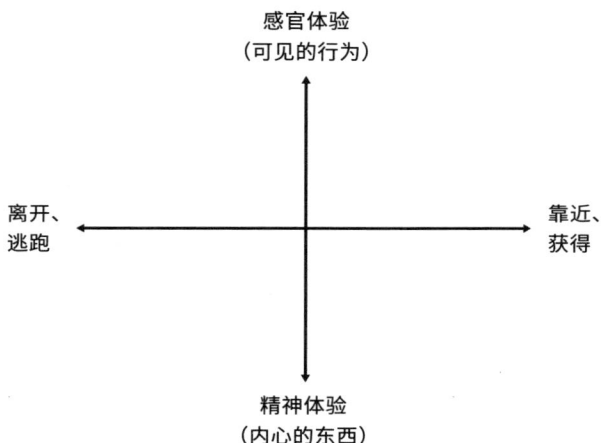

图 2-8　行为矩阵

　　例如，右下半部分可以归类你想接近、想获得或向往的想法，如"重要的事情"和"想做某事的想法"等。

步骤 1

　　在你的脑海中，各种想法和情感此起彼伏。你脑海中浮现的想法是由文字和情感组成的。试着把你内在的感觉或记忆归类到这个行为矩阵中去。

　　如果你觉得"我什么也想不起来"，那就先试着把这个内容放在下半部分，因为"我什么也想不起来"这一想法也是在你脑海中浮现的。然后，如果你觉得"我什么也想不起来"是一个消极的想法，就把它放在左下方。如果觉得它是一个积极的想法，就把它放在右下方。

　　如果你想要一些线索，那你可以回想一下心理灵活性 2-1 "明确什么是重要的事，并用语言表达出来"。如果你能回忆起自己为了重要的事而采取的实际行动，就把它分类在右上方。而如果你回忆起不愉快的经历，或有过不愉快的想法或情绪，你可以将其分别归入左上方或左下方。

　　请你一定花几分钟来做一下这个练习，示例如图 2-9。

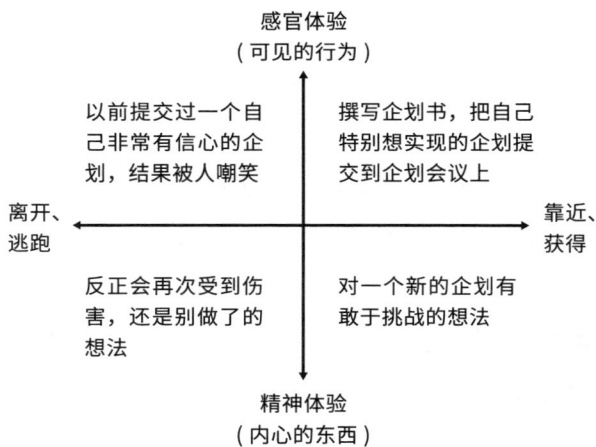

```
                    感官体验
                  （可见的行为）
                        ↑
                        |
  以前提交过一个自        撰写企划书，把自己
  己非常有信心的企        特别想实现的企划提
  划，结果被人嘲笑        交到企划会议上
                        |
离开、                   |                  靠近、
逃跑   ←————————————————+————————————————→  获得
                        |
  反正会再次受到伤        对一个新的企划有
  害，还是别做了的        敢于挑战的想法
  想法                   |
                        |
                        ↓
                    精神体验
                  （内心的东西）
```

图 2-9　行为矩阵条目的分类示例

步骤 2

　　现在，你已经把你的想法、情绪、感受和记忆分为 4 个象限。那么，是"谁"意识到了这些想法、情绪、感觉和记忆

呢？请你深吸一口气，想一下这个问题。

是的，是你自己，即"我"意识到了这4个象限中的每一个象限。这时的"我"不是想法，不是记忆，也不是感觉或情绪，而是注意到这些的人——一个观察者（图2-10）。

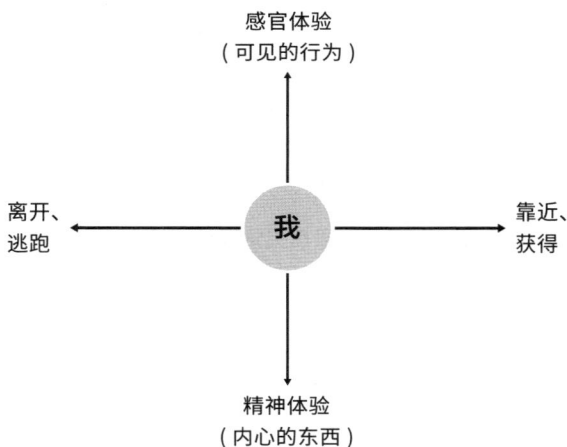

图2-10　观察者是你自己

当你从观察者的角度来看待这些想法和记忆时，就不会被它们牵制，而是可以与它们保持距离，灵活地采取行动。一旦你意识到自己处于观察者的视角，那你就可以改变对4个象限的看法（图2-11）。

接下来，我们先看一下图2-11的左侧。

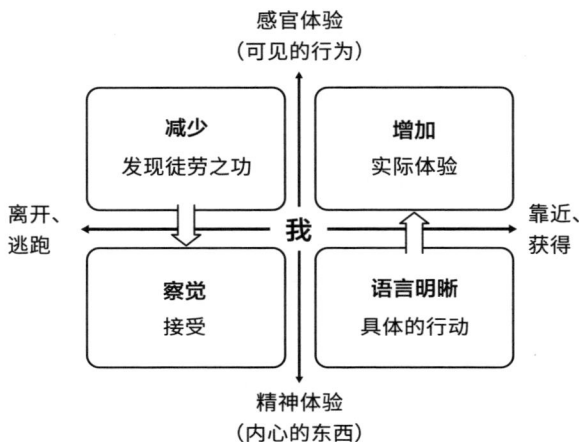

图 2-11　采取更灵活有用的行为

左上方："离开、逃跑"×"可见的行为"。

如果你能发现其中有你反复做的徒劳之功，那就算你前进了一步。

例如，同事提交的报告质量太差，每次你都要在上面批改，但无论你怎么批改对方也没有改进。如果你能意识到自己的行为，就能认定从长远来看自己的这种行为并没有用，那你就会想办法减少这种行为。

左下方："离开、逃跑"×"内心的东西"。

对我们来说在这个范围内重要的是觉察和接受，而不是对抗。

例如，"××同事一定是不尊重我，否则我给他改了那么多次报告，他不会不改正，所以我才经常质疑同事（这也是一种可见的行为，可以分到四象限的左上方）"。如果你能觉察到这些想法，那就不要跟这些想法做斗争，而要跟 1-2 那样只是觉察并接受它们。

接下来是图 2-11 的右侧，这次我们先看右下方。

右下方："靠近、获得" × "内心的东西"。

在右下方的范围里，明确重要的事非常重要。

在这里，你可能会有这样的想法："我想让同事马上就能写出高质量的报告。"那么请你思考一下，自己要采取哪些具体行动来实现这件重要的事呢？答案就是右上方："靠近、获得" × "可见的行动"。

例如，在这种情况下，你可以这样想："改完后别直接交给对方，尝试花点时间来一次一对一面谈，讲一下我每个批注的道理，消除他的疑虑。"也就是说，你不再像以前那样，帮对方改完报告还给对方，而是通过畅所欲言要素和互相帮助要素来给对方回应。当你尝试按照这种方式去做时，脑海中可能会冒出"不会成功的"或"如果被拒绝了怎么办"等消极的想法和情绪，你又到了左下方的范围。即便如此，你仍要记住，要灵活地采取右上方的行动，朝着重要的事前进。

当你采取了右上方的行动后，试着做右下方的内容，即用明晰的语言表达出重要的事是什么，以及感受一下自己现在采取的行动使自己更接近重要的事。

能够感受到重要的事和眼前的行动之间的联系，是心理灵活性 2. 朝着重要的事努力的重要组成部分，它能让我们觉察自己在工作和生活中度过了有意义且丰富多彩的时间。

利用行为矩阵总结第 2 章

在此，请回顾一下心理灵活性的 3 个要素。它是形成领导力的不可或缺的要素，也是人的一种行为模式：1. 面对必然的困难，接受不能改变的事，2. 朝着重要的事努力，致力于可以改变的事，3. 用心辨别不能改变的事和可以改变的事。每一个要素都可以进一步细分为两部分。

1-1　纠正"想法 = 现实"的习惯

1-2　接受不良情绪，而不是控制它

2-1　明确什么是重要的事，并用语言表达出来

2-2　采取具体行动，朝着重要的事努力

3-1　意识到并专注于当下

3-2　从"主角视角"变为"观察者视角"

行为矩阵囊括了 3-1 以外的所有内容，它通过察觉和归类帮助你把自己的想法、感觉和记忆付诸实践（图 2-12）。

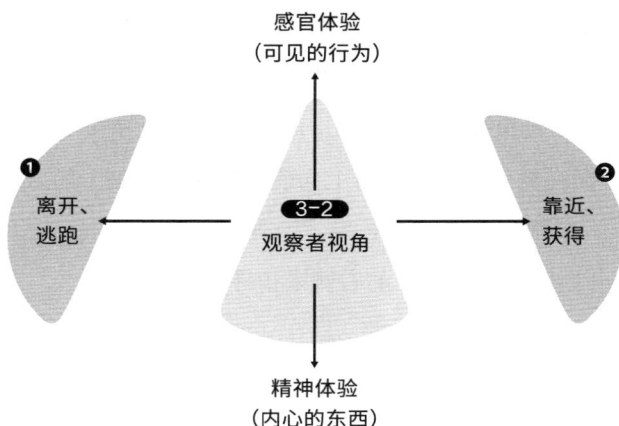

图 2-12　行为矩阵与心理灵活性三要素

心理安全和心理灵活性

那些心理不安全的团队，一般是试图使用惩罚和焦虑来控制成员的团队。

我们可以尽力避免遭到惩罚和感到焦虑，但因为要处理这些问题，一定要做的、需要做的工作就会停滞。也就是说，当团队的每一个成员都因为惧怕在行为矩阵的左下方中的惩罚和焦虑，而转向左上方采取行动避免惩罚和焦虑时，团队在心理上就是不安全的。而一个有心理安全感的团队，是不会因为这种焦虑导致工作停滞的。

当一个团队具有心理安全感，而且重要的事情非常明确时，它就会成为一个高标准的团队，即一个学习型和高绩效的团队。在这种情况下，团队中的每个人都非常清楚对自己和团队来说什么最重要（右下方），他们努力接近重要的事（右上方），不断在具体工作和项目上向前发展，推动整个团队进步。

作为带领团队转型的领导者，你可以先从提高自己的心理灵活性开始，用行为矩阵的右侧来指导你的行为。

03

稳住行动：利用行为分析提升团队心理安全感

既然我们的目标是要有效地减少成员的不良行为，那么通过制造负面情绪来增加另一种不良行为对结果根本毫无益处。

行为分析能改变人的具体行为

本章将培养那些渴望拥有心理灵活的领导力的领导者具备一种技能，即行为分析，以实际方法改变自身和团队成员的行为，并改变团队根深蒂固的关系和文化。

要改变一个组织和团队心理不安全的氛围，就需要改变形成这种氛围的历史。这是指组织和团队学习的历史，即如何处理团队的每一次反应、行为、问题和失败。

行为分析可以改变团队中每一个人的行为，并将其转变为有利于提高心理安全的行为。此外，使用行为分析框架解析成员之间的相互作用，还能对关系和文化产生影响。

行为分析由哈佛大学的伯尔赫斯·斯金纳（Burrhus F. Skinner）教授在 1930 年代创立 [1,2]。现在，它主要应用于心理学和精神病学领域，如应用行为分析（ABA）和认知行为疗法（CBT）等。这种改变行为的方法经过近 100 年的考验，其有效性已经得到充分验证。

在本章的前半部分，我们会介绍行为分析的基本框架，然后介绍改变读者的行为和习惯的一些方式，让你对此有基本的认识。在本章的后半部分，我们会看一些利用行为分析来提高心理安全四要素的具体案例。

"动机→行为→反馈"框架

心理安全和行为分析

心理安全四要素都是行为的集合。

- ◇ 畅所欲言要素：与人谈话和倾听他人的行为。
- ◇ 互相帮助要素：求助他人和帮助他人的行为。
- ◇ 敢于挑战要素：挑战、欢迎挑战，给予和抓住机会的行为。
- ◇ 开放包容要素：发挥个性、欢迎个性、知人善用的行为。

如果一个团队以上这些行为比较多，就说明这个团队是心理安全的。

为了让团队达到这种理想状态，领导者首先要仔细观察这些行为在自己团队中是如何产生的，或认真研究没有在自己团队中产生的原因。

如果已经出现了与四要素相关的行为，如"与人面对面认真交谈"或"创造挑战机会"等，则应不断为团队增加产生这些行为的机会，如果没有，则应使之产生。

相反，如果团队有"斥责"等直接给予成员惩罚的行为，或者有打击成员发起挑战的言语，如"你绝对不会失败吧"这类话，领导者就应减少这种行为和说话方式，做到这一点将有助于团队拥有更高的心理安全感。

因此，本章将深入探讨我们该如何利用行为分析来促进成员产生更积极的行为以及降低不良行为[3]。

行为受动机和反馈控制

我们要做行为分析，其中用到的最基本和最重要的工具是图 3-1 所示的"动机→行为→反馈"框架。动机导致行为，而行为受反馈影响。也就是说，人们的行为是由动机和反馈控制的。下面这个例子，就能让你一目了然。

夏天，办公室的空调温度很低，你感觉相当冷，一直这样吹冷气的话可能会感冒，这种寒冷的感觉就是动机。然后，你

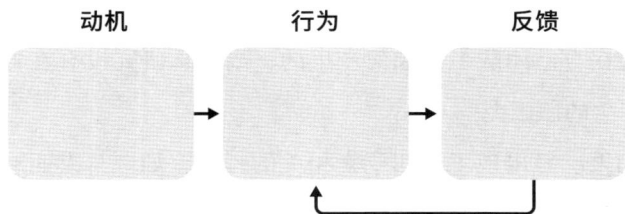

图 3-1　"动机→行为→反馈"框架

想把空调的温度调高到一个更适宜的温度。按下遥控按钮相当于行为。

按几下按钮就会把空调温度从冷嗖嗖的 18℃ 调到相对温和的 25℃。而且，从空调里吹出来的风似乎也变成了略带暖意的微风。

"温度从 18℃ 到 25℃ 的变化"和"人感觉风是温暖的微风"就是反馈。这种反馈对于那些感觉空调温度太低的人来说是一件愉快的事情。而且，这个反馈会对行为产生影响。那就是下次再有类似的动机时，出现同样行为的概率会增加（加强）。

还是同样的场景，但假设公司的空调是集中控制的，只有管理中心才能调节温度。而你今天刚调到这里工作，并不知道这个情况。

从行为分析的角度来看，你的动机和行为与上面例子中的是相同的。因为空调温度低导致你很冷这个动机，你采取了按下按钮以提高温度的行为。但是，反馈呢？空调温度没有变化，你仍然觉得很冷，没有达到令你满意的结果。

所以，下一次你在办公室感到冷的时候，你再次采取"按下按钮提高温度"这一行为的概率就会降低（减弱）。可能开始几次你会忘了这是集中控制，还会按下按钮。但当你记得是集中控制后，即使感到冷，你也不会再去调温度了。如图 3-2。

刚才我们展示了控制行为的动机和反馈的例子。当有类似的动机时，人们采取同样行动的概率是不尽相同的：如果反馈

动机	行为	反馈
空调很冷	按下提高温度的按钮 ⬆概率	令人愉快，温度适宜

下次采取同样行为的概率提高

动机	行为	反馈
空调很冷	按下提高温度的按钮 ⬇概率	让人不满，还是很冷

下次采取同样行为的概率降低

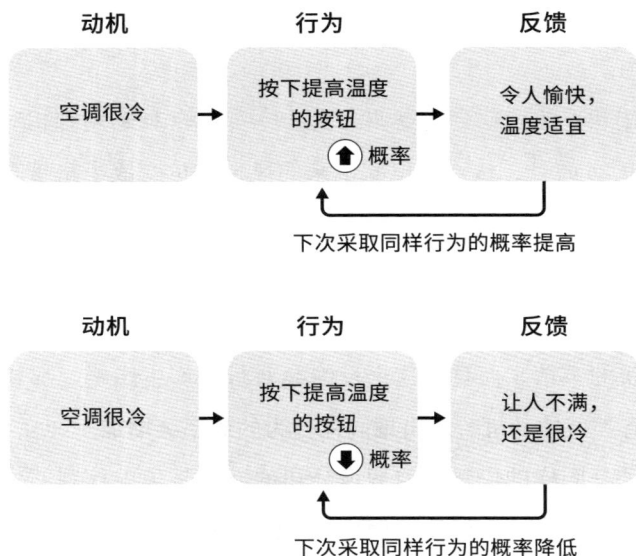

图 3-2　提高温度这一行为的"动机→行为→反馈"框架

是令人愉快的，则行为概率会增加（加强）；如果反馈是让人不满意的，则行为概率会降低（减弱）（图 3-3）。

如上述的例子，可以增加下次采取同样行为的概率的反馈叫"正强化"，可以降低采取同样行为的概率的反馈叫"负强化"。

事实上，我们在职场中默认的规则是"在某一行为发生后必须立即反馈"。更确切地说，该规则表明，某一行为的即时反馈（正强化或负强化）比中长期反馈更有影响力。

还有一个简单的例子是肌肉训练，从长远来看，肌肉训练

好的反馈 👍，行为增加（⬆）
不好的反馈 👎，行为减少（⬇）

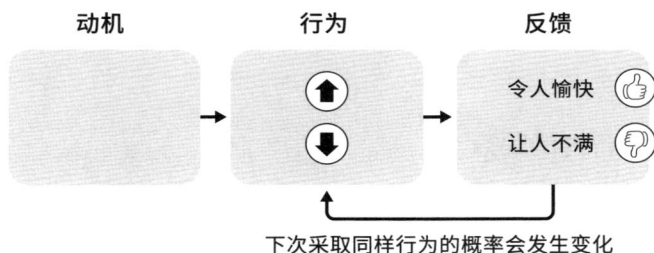

图 3-3　反馈会让采取同样行为的概率发生变化

有增肌的好处，但训练后人会感到疲惫和痛苦，所以很难坚持下去（图 3-4）。

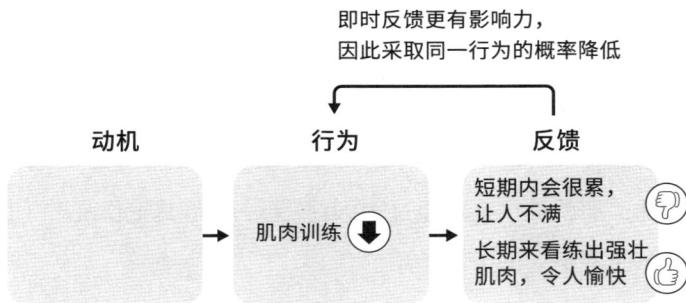

图 3-4　即时反馈更具影响力

行为分析是一种可以改善我们每天都会重复的动作的技能，因为它注重的是"下次产生同样行为的概率"。所以行为分析很适合在团队和组织中应用，因为团队成员天天见面，他们也会不断地学习。

动机是行为的起点

要改变团队或个人的行为，要先关注到动机。

动机[4]确立了行为的背景，即一个人在什么时候和什么情况下采取行动。当你觉得一个新人或下属办事不力时，通常都是因为"动机→行为"的连接没有发挥作用。例如，当出现了"一位重要客户投诉了我们一个很严重的问题"这一动机时，本来新人或者下属应该立即汇报并考虑对策的，但实际上负责人选择了"两周后在月度例会上进行汇报"这一行为，这意味着"动机→行为"的连接没有很好地发挥作用。

反过来说，学习工作上的相关知识或别的知识，都可以说是学习"动机→行为"之间恰当的联系。如果你是销售，那就是"貌似客户对这个产品不感兴趣→介绍另一种产品"。如果你是会计，那就是"金额超过 10 万日元→要将其记作资产（固定资产）而不是支出（消耗品）"。

因此，从根据特定的背景下采取适当行为的学习这一角度来看，学会区分不同情况下的动机也很重要。能够迅速掌握适当的动机并灵活地改变要采取的行动，可以说是专业人士的习惯。

如果你是一名医生，你要倾听病人的讲述，观察病人身体的各种迹象，缩小他可能罹患的疾病范围，必要的话让病人做进一步的检查，最后再做出诊断。这些都是我们在学习过程中尽量不想错过的、有意识去寻找的动机，可以称之为"主动动机"。

觉察到无意识动机

我们的日常生活中混杂着无意识动机控制我们行为的情况。比如，你想改掉的坏习惯有可能是从琐碎的小事中养成的，而你甚至没有意识到这是一个动机。识别这些动机可以帮助你改变自己的行为。

那么，无意识动机或未察觉动机都有哪些呢？

如果仔细观察一下总是忍不住吃零食的人，就会发现一个动机，即他们伸伸手就能拿到一堆零食。有时零食吃完了，在那几天里他们就不怎么吃零食了。他们本人可能没有意识到，但零食存货确实在控制着他们的行为。接下来，假设这个人家里存的零食吃完了，他想在去吃午饭时顺便买一些零食回来。在这种情况下，他选择先吃午饭再去便利店，还是先去便利店再吃午饭，貌似没有什么区别。但是，此时他对前者还是后者的选择，会使他在便利店购买的零食数量发生变化。因为，饿着肚子去买零食，购买零食的动机就受到了"饥饿"动机的影响，所购数量就会增多。由此可见，即使你没有意识到这是你的动机，各种无意识动机也会影响你的行为。

　　动机并非只有一个，有时一种行为可能有多个动机。比如，视觉动机（时钟指向正午），听觉和体感动机（周围人离开座位去吃午饭的嘈杂声），以及脑海中的想法和声音（感觉心里不痛快）都是动机的一部分。因此，在识别动机（包括无意识动机）时，你要清楚是哪种或哪些刺激（包括感觉上的动机和心理动机）会让人采取某一特定行为。

行为和非行为

　　要做好行为分析，你需要弄清楚哪些是行为。

　　这似乎很难辨别，但实际上我们明白这一点即可：行为是一种可以采取的行动。如果别人让你去做某件事情而你做不到，那就不是行为。有 3 种事情是你无法做到的。请记住：

　　"被动""否定"和"结果"这 3 种不是行为。

被动

　　被动即所谓的被动态。因此，被批评、被表扬、被尊重等都不是行为。再举一个特殊的例子，"兴奋"看起来像是一个行为，但其实不是。因为，当别人要求你兴奋起来时，你无法采取具体的行动。这种被动态不是一种行为，所以不能放在"动机→行为→反馈"框架的行为中。我们不是歪曲定义，而是因为它在改变一个人的行为方面是很重要的。

假设在某小学里，A 学生正在殴打 B 学生（图 3-5）。

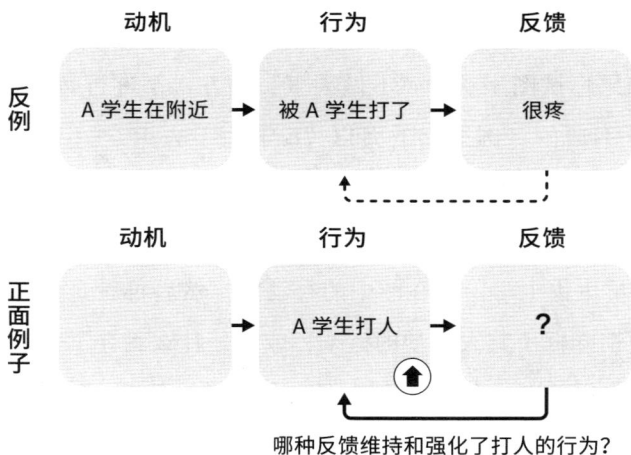

图 3-5 行为主体是谁

我们分析 B 学生的被打行为，将其放在图 3-5 的行为中。从 B 学生的角度来看，被打的结果是"很疼"，被打这种行为应该减少，但由于打人的是 A 学生，因此这个行为并不会减少。

由此可见，我们应该对 A 学生的行为进行分析，并考虑是什么样的反馈维持和加强了其打人的行为（图 3-5 的下半部分）。

我们在实际的行为分析中，往往要面对两个或更多的角色。我们要弄清楚应该对谁的行为进行分析，关键就要考虑角色的行为是不是被动态，如果是被动态，那我们就分析错了。这种做法很有用。

否定

否定是"不做某事"，如不学习、不上班或不发信息。

如果你试图用这种"不做某事"的方式来进行行为分析，那是行不通的。例如，下面以"B 学生不去上学"为例进行说明。

当 B 学生不上学时，"不上学"不能放在行为栏里。那我们把"B 学生去上学"放在图中的行动中，然后再看是什么不愉快的反馈降低了其去上学的概率，或者是什么剥夺了其去上学的动机。再补充一点，"逃课"是一种变形的否定。如果你想改掉自己总是偷懒、不想好好备考的习惯，就得把"逃课"转化为具体的行动。你需要思考一下不学习时你在做什么（图 3-6）。

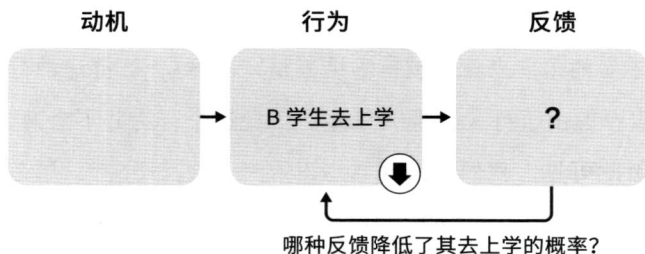

图 3-6　把否定变为肯定后再来看反馈

因此，如果你期望的行为很少发生，那就不要写"不做什么"。可以把它看作是"做什么"的概率降低了，或者说，你没有做出自己期望的行为，而是做出了你原本想改掉的某种行为。

结果

"胜利"或"赢了"这种词只是表达结果而已。即便别人对你说"请胜利一次"，胜利也不是可以直接采取的行动，因为我们只有在和对手展开博弈或竞争时才会有输赢。我们在考试中取得第一名、赢得一块金牌都不是一个可以直接采取的行动，它们只是行动的结果。"成为富翁"也不是行动，因为它是付出劳动、勤俭节约和善于投资的结果。

其实，"冷静下来""愤怒""悲伤"等也是结果。例如，一个人有点气愤是他下一个行为的动机，他可以选择"对某人大喊大叫"或"回到自己的房间"，也就是我们可以根据语境和行为获得一个反馈。

所以，被动、否定、结果并不是行为。我们在这里说的行为，是"自发行为"[5]。

一个很有效的方式是我们要尽量将行为具体化。例如，如果你熬夜了，那就回想一下自己做了什么导致自己熬夜了。

反馈的 4 种类型

我们在前文已经分析过，反馈[6]出现在行为之后，而且一个人下次采取同样行为的概率会因为反馈的不同而发生变化。还有一个规则，就是：为了对行为产生影响，行为发生后必须立即反馈。

好的反馈能够增加我们下次采取同样行为的概率，这叫作"正强化"。不好的反馈会降低我们下次采取同样行为的概率，这叫作"负强化"。目前，我们只针对在一个行为之后立即出现正负强化的情况展开比较简单的说明。

事实上，正负强化不仅有出现，也有消失。因此，反馈共有 4 种不同的类型：正强化或负强化的两种类型 × 出现或消失的两种类型，如表 3–1 所示。下面我们将结合具体示例分别展开说明。

表 3–1　反馈的 4 种类型

行为出现的可能性	反馈的类型	反馈的出现、消失
行为被强化（概率增加）⬆	①正强化 👍	出现
	②负强化 👎	消失 ✖
行为被弱化（概率降低）⬇	③正强化 👍	消失 ✖
	④负强化 👎	出现

有两种模式可以增加采取同样行为的概率。行为概率的增加被称为"强化"。

①出现正强化，行为概率增加（强化）

这种模式我们在前文介绍过，其过程为"感觉冷（动机）→按下空调按钮（行为）→温度适宜（反馈）"。许多持续进行的行为就是通过这种方式产生正强化来持续和加强的。

假设有一个上司总是大声斥责下属，或许他是通过大声斥责的方式对下属产生正强化，下属的行为才得以维持，即"大声斥责（行为）→下属会马上处理（反馈）"。

②负强化消失，行为的概率增加（强化）

这是一个新的模式。

现在，我们站在被上司大声斥责的下属的角度来看待问题。当这个上司大声斥责下属（动机）时，下属说："我马上去处理。"（行为）这时发脾气的上司就会冷静下来（反馈）。在下属看来，在自己采取行动之后，"挨骂"这个负强化（不愉快）的反馈就消失了。所以再出现上司大声斥责等类似的动机（情况）时，下属仍然会说："我马上去处理。"即采取同样行为的概率会增加。还有其他类似的例子。"采取喷洒杀虫剂这一行为后，结果是那些令人讨厌的虫子消失了"，或者"为了尽快摆脱自己不喜欢的工作，就先把它做完，结果是自己的压力减轻了"。如上所述，因为不想看到不喜欢的东西而采取的行动就被归为这种新模式。

因此，"消失"意味着行动之前存在的东西或自己的感受在采取行动后消失了。

正强化出现导致的行为强化和负强化消失导致的行为强化都是增加行为概率的模式。两者的区别在于，前者是"做自己想做的事"，后者是"做自己不得不做的事"[7]。

你的行为是对方的动机和反馈

对于同一个场景，站在上司的角度看和站在下属的角度看，会有两个不同的"动机→行为→反馈"框架，如图 3-7、图 3-8 所示。

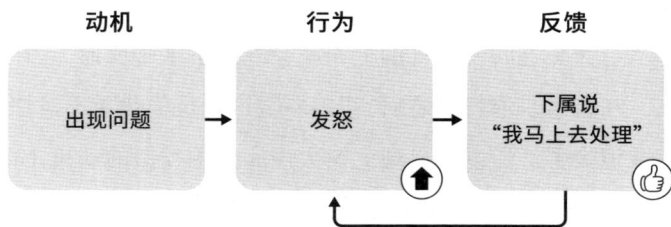

图 3-7　上司发怒时的"动机→行为→反馈"

图 3-8　下属说"我马上去处理"的"动机→行为→反馈"

　　一方面从上司的角度看，"大声斥责下属"是自己的行为，但从下属的角度看，这一行为则是"被上司斥责"，是动机。另一方面，下属对上司说"我马上去处理"这一行为，从上司的角度来看，则相当于反馈（出现正强化）。而如果上司接受反馈不再斥责下属，那么从下属的角度来看，自己不再挨骂了，所以反馈就是负强化消失。

　　如上所述，你采取的行为可以成为对方的动机或反馈。而对方的行为也可以成为你采取行为的动机或反馈。

　　在这个意义上，下属的反应"我马上去处理"是在强化领导的斥责行为。可以说，下属为了平息眼前的斥责，而增加了长期被斥责的可能性。在某种程度上，上司的斥责行为是通过与下属的共犯关系来维持和加强的（图 3-9）。

　　例如，假设这个上司到了一个氛围完全不同的公司，在出现问题时，他又开始斥责别人。但是，新的下属说："您现在好像很生气，无法正常沟通，等您冷静下来再说。"当下属的反应

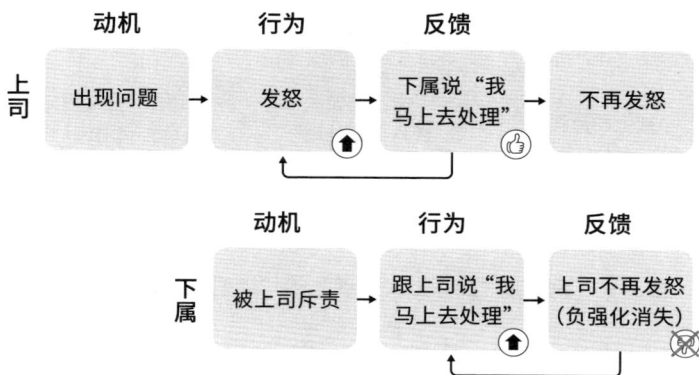

图 3-9　上司和下属是互补的"共犯关系"

与以前下属的反应完全不同时，上司的斥责行为就无法维持和
加强。因此，我们在对对方所说的话或所处的境况做出反应之
前要考虑自己选择的行为会给对方带来怎样的动机和反馈。

③正强化消失，行为概率降低（弱化）

这是另一种新模式。

假设你在考试时作弊（并且被发现了），你已经获得的成绩
（这些都是正强化）都会被取消。这是一种减少行为（弱化）的
模式，因为在行为之前存在的正强化反馈在行为之后消失了。

这种正强化消失的反馈模式，与下面要讲的"出现负强化，
行为概率降低"的反馈模式一样，往往被我们认为是一种惩罚
（图 3-10）。

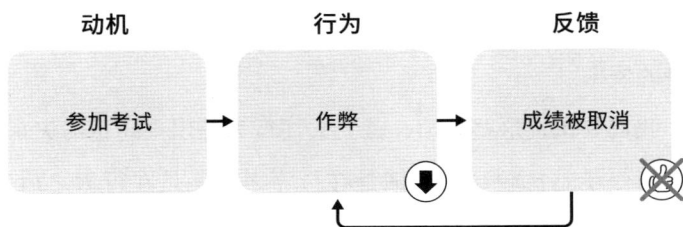

图 3-10　作弊得分

④出现负强化，行为概率降低（弱化）

这是我们已经看过的一种模式。

犯错（动机）→去向上司汇报（行为）→被上司批评（反馈），于是"犯错后汇报"这一行为就会减少，这就是该模式的一个例子。尽管负强化确实会让行为减少，但仔细研究后我们会发现一些有趣的地方。

当下属犯错后向上司汇报时，上司想让下属今后少出错，所以给出的反馈是"追问原因"。然而，这个反馈是一个负强化，而且是在下属汇报之后立即发生的。也就是说，上司此时追问下属原因反而起到了"减少下属汇报行为"的效果，而不是降低下属犯错的概率，这与上司本来的意图背道而驰。

换句话说，我们在试图用负强化来控制或减少对方出现某行为时，很重要的一点是要考虑一下给予负强化之前对方的行为是不是你想要减少的行为。

同样是指出他人错误的情景，如果是一位老员工在指导新

人，新人在犯错后老员工立即指出错误，就可以减少新人再次
犯错的概率。

我们要识别这些反馈，就要关注行为是出现还是消失了。

第一步是比较这些反馈是在行为之前还是在行为之后，即
与动机进行比较，看是否有什么东西出现或消失。这不仅包括
可见的实物，还包括采取该行为的人在非实物层面的反馈，如
"紧张情绪得到了缓解""感觉自己与对方更亲近了"等。然后
再确定反馈的出现和消失是让行为增加了还是减少了。

负强化的效果令人怀疑

在上文最后一个案例中，下属犯了错后去向上司汇报时被
追问犯错的原因，导致他汇报的次数变少但错误却没有减少的
结果，上司的反馈对当事人似乎没有帮助，这是有原因的。事
实上，相关研究表明，利用负强化来阻止（弱化）行为并没有
什么效果[8]。

权力骚扰等利用斥责、发怒、惩罚或威胁等负强化来减少
（弱化）行为的方式，不仅不道德，且其效果也令人怀疑。

这有 3 个原因。

第一个原因是，负强化出现对行为的削弱往往是暂时的。
被斥责后下属的某一行为马上会减少（弱化），但经过一段时间
后或当上司不在自己身边时，问题行为也不会减少。例如，严

厉的上司在下属身边时，下属会很紧张，但当上司外出时，下属就会放松。

第二个原因是，被批评的一方会产生负面情绪，如焦虑、恐惧和愤怒等。大家都知道，这会导致人和人之间信任感缺失，或增加对彼此的攻击性，而且批评人的一方也会感到不舒服。我们的目标是要有效地减少成员的不良行为，通过制造负面情绪来增加另一种不良行为对结果根本毫无益处。

最后一个原因是，上司不得不不断加大斥责下属的力度，否则斥责就没有意义。事实上，人们会逐渐习惯负强化的刺激（被批评或惩罚）。为了应对这种情况，上司就必须增加负强化的强度。

即便考虑到这 3 个原因，在试图通过负强化来削弱团队或个人在未来的行为时，仍需要满足不少条件！然而，我们在工作中与其继续满足这些条件，不如使用其他方法更有用。

出于同样的理由，利用负强化消失来强化行为也没什么用处。例如，如果你的上司总是给予你负强化，那你会与上司保持距离。这种情况下，我们就无法实现心理安全畅所欲言要素和互相帮助要素的目标。而且，由于这种行为几乎是在人被胁迫的情况下进行的，因此人和人之间就不会有信任和尊重的感觉，而这正是心理安全的先决条件。

总结到目前为止所讲的内容，我们可以归纳以下几点：

第一点，要尽量避免使用负强化的模式。

　　第二点，我们在作弊的例子中已经提过，③正强化消失，行为概率降低（弱化）会让人觉得这是一种惩罚。如果你想降低某种问题行为的出现概率，首先要考虑的是能否利用正强化出现的方式，用一种理想行为取代问题行为。如果有必要，再考虑③正强化消失带来的行为弱化方式。

　　总之，我们应该尽量避免通过负强化的反馈来决定我们的行为。

观察行为的增减

　　在实际应用中，我们要一直考虑一种行为到底是正强化反馈还是负强化反馈。例如，如果你设计了一个金钱激励的制度，但是人们的行为并没有往正向发展，那就说明这个激励制度在现实中并没有起到正强化反馈的作用。

　　有关劳动报酬的研究表明[9]，当某种行为本身是很有趣的，当人们被事先告知如果有这种行为会得到经济回报，完成该行为会拿到相应额度的金钱，人们的行为反而被弱化，那么在这种情况下，经济奖励起到了负强化的作用。

　　因此，我们应该从期望的行为是否真的增加或不期望的行为是否真的减少的角度来看待现实问题，而不能想当然地认为"这（金钱激励）很好，如果我期待的团队行为没有增加，那就是团队成员有问题"。补充一点，如果事与愿违，什么都没有发生，这意味着行为前后没有变化，这通常可以看作是由于负强化的出现而导致的行为弱化（行为减少）。

通过行为分析改进自我

人身攻击不能解决任何问题。

我们从行为受动机和反馈控制的观点出发，可以避免陷入人身攻击的陷阱[10]。人身攻击是指责一个人的内在、人格上的东西，例如说某人没有干劲。

这种话说出来会让他人觉得某人好像没有正常人该有的干劲，但事实上，"干劲"这个词只是贴在他的各种具体行为上的标签，例如上班迟到或提交的工作材料不完整等（如第 2 章中我们提到的"花束"的例子）。

给别人贴上标签说他"没有干劲"是件很容易的事。但是，如果我们只是说一句："拿出你的干劲来！"对方就有积极性的话，那管理工作就不会这么复杂了。

人身攻击陷阱的本质在于，它只指责个人的内在世界（干劲、信心、性格、能力等），并不能解决问题或改变人的行为。当然，当你听到别人说另一个人没有干劲时，你也许能预测到被说的人"无法在截止日期前完成工作汇报"这一结果。然而，我们还是把注意力集中在动机和反馈上更有用，这些具体的动机和反馈可以由你周围的人、上司或你自己去发现。事实上，改变一个人或团队的动机和反馈，有可能对他或团队的行为产生影响。

　　改变自己的行为比改变他人的行为或团队、组织的行为容易得多。因此，为了改变自己的行为，特别是为了改掉自己的坏习惯（持续行为），培养好习惯，我们在本节首先要仔细讲一讲动机和反馈。

试着改变自己的习惯

　　本节我们将分析你自己想要改变的习惯，从而真正改变你的行为。

　　要想改变行为，要重点考虑导致这些行为的习惯是由哪些动机和反馈维持和加强的。

　　任务：分析你自己想要改变的习惯。

　　首先，不要考虑改变，只是分析自己的行为。下面是一个参加我们培训的客户的事例。请在阅读的同时思考你想分析自己的什么行为及如何进行分析。这将有助于你明晰行为分析的方式，可参考图3–11。

步骤 1：行为
确定一个你想改变的习惯（行为）。
我的客户想改变的习惯是"总是吃太多"。

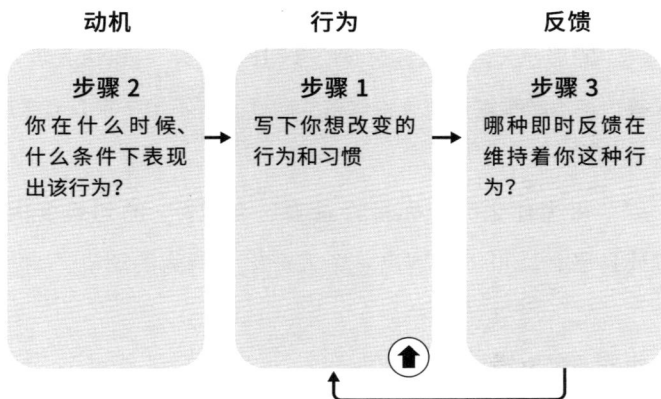

图 3-11　"自己想改变的习惯"的行为分析

步骤 2：动机

思考一下决定你行为的动机会在什么时候、什么条件下发生？

接下来，考虑一下动机问题。动机可以通过问答的方式展开，自问自答更容易一些。

问：你每顿都吃太多吗？还是说午餐或晚餐时会吃太多？

答：不是每顿都吃多，在晚餐时容易吃多。

问：那你每天晚餐都会吃多吗？是什么时候容易吃得太多呢？

答：不是每天都吃多。吃多的时候基本就是工作压力大的时候，或者在我遇到困难的时候。

问： 工作压力大时你就会吃东西吗？请回想一下你吃很多东西
　　　的那一天，以及你感觉吃多时的情形，并讲给我听。

答： 基本都是家里有食物储备的时候。还不至于跑去商店现买。

以"每当什么时，你是否总会这么做？"的句式多次询问
对方或自己，就可以识别出一个人产生某行为的动机[11]。

步骤 3：反馈

想一下我们在行为之后即时出现的反馈都有哪些？

请记述你在采取某一行动后或在采取这种行动时的想法和
感受，这就是反馈。怎么记述呢？通过回想并再次进入自己采
取行动时的情景，就能意识到自己有哪些反馈[12]。

在上述案例中，客户是在采取"吃"这一行为后立即感到
"美味"或"放松"，然后他感觉工作压力得到暂时缓解。然而
从长期来看，这种行为不利于他的身体健康，事后，当事人会
不开心并有内疚感，但因为短期的快乐更有影响力，所以这种
行为被维持并加强，并作为一种习惯（虽然不是每天都这样）
保持了下去（图 3-12 ）。

步骤 4：改变行为的设计

通过改变动机和反馈来设计自己的习惯。

接下来我们要讲如何改变一个人的行为。

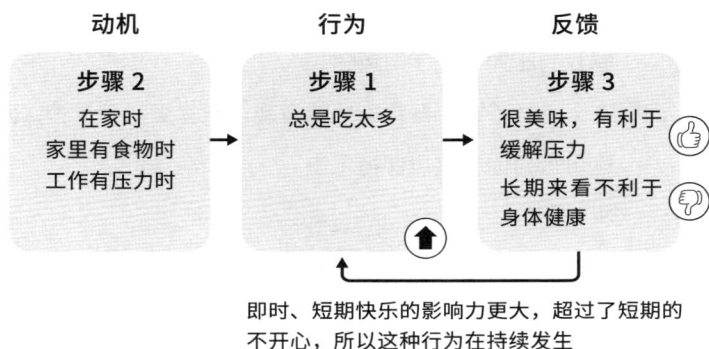

图 3-12　吃太多后一时的快乐和长期的不快乐

问：你通常什么时候会购买食物？我知道一种可以限制人过度
　　饮食的方法——只储备一定数量的食物。

答：哦，我买这个是因为它当时在打折，很便宜。

问：我明白了。你买它是因为它很划算，但你却一次性吃了很
　　多，这不利于你的健康。这样想是不是可以改变你的行
　　为？以后如果你发现特价商品时，你认为你能改变自己的
　　行为吗？

答：哦，我想我可以。即便是特价商品，买的时候也要适量。
　　我能想象到这个场景。

问：好吧，那就尝试一两个星期吧。还有另一件重要的事情，
　　当你顶着压力工作了一天，晚上回到家后，你会如何释放
　　压力？

答： 嗯……我喜欢喜剧，所以我想看英文喜剧片，这样既能缓
　　　解我的压力又能学习英语！

问： 这个方法不错。看喜剧片很有趣，能立即得到反馈，所以
　　　这个行为你应该能保持下去。

　　像这样深入挖掘，我们就能发现是什么样的动机和反馈让
我们的行动一直持续下去。把现实中可以改变的动机巧妙地变
成其他东西，引入一个新的行为，并看是否有反馈来维持这个
全新的、更合适的行为，这是非常重要的。

　　我们前文已经说过，负强化的控制往往是无益的。回顾你
自己的行为，我想你也不想用负强化来控制自己，这是没有效
果的。

　　基于这种能够改变自己行为和习惯的认识，在第 3 章的后
半部分，我们将通过行为分析来改变与心理安全四要素相关的
行为。

通过行为分析稳住团队

活用行为分析，确保心理安全

　　我们在第 1 章中讲过，心理安全四要素有 3 个阶段：行为
和技能、关系和文化、结构和环境，越靠后的要素越难以改变。

在这 3 个阶段中，本节聚焦在"行为和技能"阶段。相对来说"行为和技能"不考量我们在职场中的权限和职级，比较容易展开分析。我们将通过行为分析的方式讲明构建团队心理安全的方法。

接下来你要做的是在与心理安全四要素相关的每个行为阶段对团队成员采用不同的方法。通过这种方式，你自己的行为会成为对方的动机和反馈的一部分：

方法①：减少阻碍成员与四要素相关行为的动机和反馈。

方法②：创造动机和反馈，增加成员与四要素相关的行为数量。

方法①指的是"采取惩罚或削弱行为"，即给予负强化或夺走正强化。例如，以心理安全四要素的畅所欲言要素为例，当有人在说话时，如果对方不看说话者，一直在看屏幕，不给予回应，那么说话者与该人交谈的行为就会被削弱（概率降低），图 3-13 中有所说明。我们在第 1 章中讲过，没有心理安全感的团队就是给予成员惩罚的团队，原因正是团队中有这种"令人不愉快的反馈"[13]。

关于方法②，我们首先看一下动机。

根据对方的情况和背景，灵活的说话方式可以促进许多行为发生。也就是说，你可以把与团队成员谈话作为一个动机，让他们在未来能够采取有心理安全感的行动。

我们这些学习过行为分析的人已经知道反馈的重要性。你

图 3-13　负强化的"行为→反馈"

的呼吁可能会使其他成员至少采取一次行动。但如果他们行动后你没有给予适当的反馈，即正确的回应或确认，那么这个行动就将是一次性的。

　　这绝不是"我可以用一句话或某种说辞来控制对方"，我们要持续跟进，仔细观察对方并给予反馈。动机和反馈的组合非常重要。例如，如果你提供的动机是"你找我商量问题时，我绝对不会生气。我会跟进并帮助你解决问题，所以有问题请立即告诉我"，那么最重要的反馈原则就是你要遵守约定，不能生气，并且向对方说"谢谢你马上告诉我"，或帮助对方解决实际问题（图 3-14）。

　　（第一次）我怀着忐忑的心情找他商量问题。他真的没有对我发火，而是一心想帮助我。

　　（第二次）我还不能完全相信他，但是，这次的谈话比上次更轻松了。我很高兴跟他谈了这个问题。

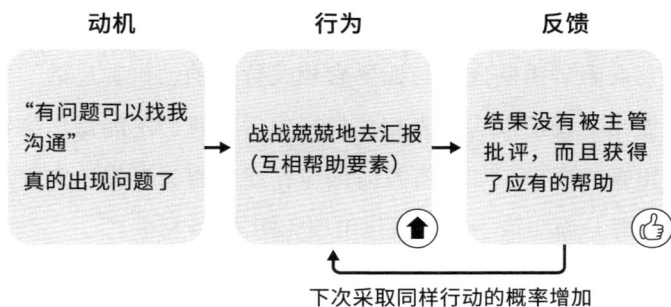

图 3-14　沟通的"动机→行为→反馈"

在这种不断重复的过程中，人们就会产生这样一种想法，即"在我犯错或遇到问题时，可以找这个人商量"，之后逐渐演变为"在这个团队中，大家犯错或遇到问题时，可以找他人商量"。

现在，我们要逐一对这四要素进行行为分析。

畅所欲言要素的行为分析

被归类为畅所欲言要素的行为包括：发表意见、汇报、联络、提出建设性的论点、询问、确认、提问、分享信息和闲聊等。

对于上述行为，倾听者可以以各种方式进行回应，比如：问询、倾听、应答、表达感谢等。对表达者来说，这就是反馈。

从行为分析的原理及原则来看，我们首先要停止使用方法
①，它会阻碍团队成员与四要素相关行为的动机和反馈。即在
对方做出与畅所欲言要素相关的行为后，我们不能做出导致负
强化出现的反应，如没有及时回应，或者因为汇报不完美就责
备对方等，而应该争取正强化出现（图 3-15）。

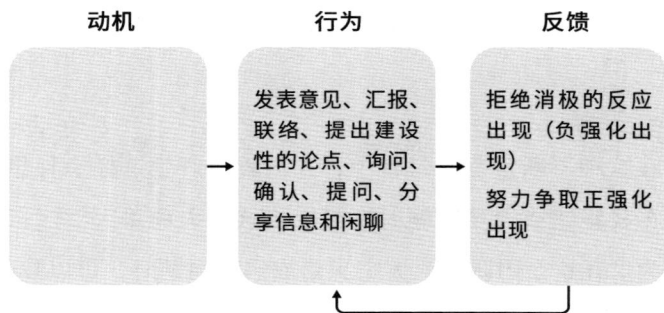

动机	行为	反馈
	发表意见、汇报、联络、提出建设性的论点、询问、确认、提问、分享信息和闲聊	拒绝消极的反应出现（负强化出现）努力争取正强化出现

图 3-15　畅所欲言要素的行为分析

在日常生活中，人与人对话是一种比敢于挑战要素更常见
的行为，因此我们关注反馈而非动机更符合常理。如图 3-16 所
示，最理想的状态是，说话者和倾听者双方都由于正强化出现
而进入一个强化的循环中。

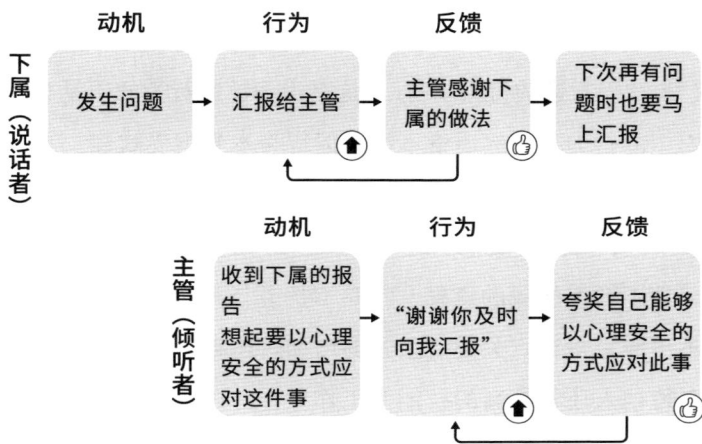

动机　　　　　行为　　　　　反馈

下属（说话者）

发生问题　→　汇报给主管　→　主管感谢下属的做法　→　下次再有问题时也要马上汇报

主管（倾听者）

动机　　　　　行为　　　　　反馈

收到下属的报告 想起要以心理安全的方式应对这件事　→　"谢谢你及时向我汇报"　→　夸奖自己能够以心理安全的方式应对此事

图 3-16　畅所欲言要素重视双方的正强化

心平气和地接受团队成员一塌糊涂的汇报——畅所欲言要素的反馈

有人可能会想："话虽如此，但如果成员汇报得太差该怎么办？难道他不应该被狠批一顿吗？"

假设你是听下属汇报的上司，你会如何回应报告质量很差的新人呢？

✧ 我完全听不懂你在说什么，能不能说得简洁易懂一些？

✧ 谢谢你的汇报。

如果有上述两个回应选择，希望你能选择后者。

在这里，我们要介绍一种方法，即我们要区分"行为的质量"与"受欢迎的行为本身"。这是因为评判行为的质量会让备受期望的行为（虽然质量不高，但行为本身很受欢迎）立刻遭受惩罚。比如，新人汇报得一塌糊涂，但如果立刻评判他们的汇报质量，可能会使他们逃避汇报。

请不要误解我的意思，我并不是说新人能力差也没问题或做不出成果也行。关键是主管要增加自己期望的行为，以及区别对待他人还不够高的技能及工作质量。这对他人提高技能和工作质量，同时保持和加强提高能力的期望会很有帮助。

"什么都可以说"是没有用的——畅所欲言要素的动机

在畅所欲言要素范畴内，我们有些话不方便随意说出口，但这些话很有用。我们对他人提出的观点持反对意见或有不同见解，也包括对方需要改进领域的反馈，都属于上述有用但不方便说的内容。

团队要注重为这些意见创造动机。成员能够坦率地表达自己的不同意见正是成为心理安全的团队的关键要素之一。

在这种情况下，人们通常会立即想到一句话——"什么都可以说"。然而，当成员被告知什么都可以说时，应该不会有人马上就说"那么部长，请允许我说几点意见"吧？而且，当你自己突然被人数落了一通，你也会感到不高兴吧（对团队成员来说这属于负强化的反馈）？

所以，我们的建议是你要根据具体的情况提出具体的问题。例如，在推进一个新的项目或计划时，你可以问大家："有没有人能想到一些让项目更完美的改进点，或者有什么担忧？"在确定具体分工的部门会议上，你可以问下属："你对自己负责的项目有什么顾虑吗？"在征求下属的意见时，你可以说："对于提高某某同事的工作效率，或者创造更好的谈话氛围，你有什么建议吗？你不用立即回答，我还会再次询问的，有什么想法告诉我就行。"对于他人提出的意见，你也不要立即开始讨论，你可以说："谢谢你的意见。还有别的建议吗？"然后把这些意见记录下来。列出成员的意见，让大家都能看清楚，再按照由重要到不重要的次序和大家展开探讨研究。

在一个没有正确答案的时代，团队中有意义的分歧是值得鼓励的。

另外，我们在给对方提建议或反馈时，使用所谓的"我的视角（I message）"非常有效，即"这是我的看法，这是我的感觉"，而不是"你应该这样做"。

最后，我们在提供反馈之前，最好能想象一下被反馈者的内心感受，以及他们将如何改变自己接下来的行动。

互相帮助要素的行为分析

在这个要素中，被帮助一方的行为有寻求帮助、寻求合作、谈论问题或错误、寻求建议、谈论事情的经过、讨论事情处理方式和结果、拜访客户并请同事陪同道歉等。

那些帮助别人、对他人伸出援手或合作解决问题的人可能会有的行为包括倾听、提供方向、思考事情的解决方案、帮忙分担责任和接管业务等。

畅所欲言要素比较注重反馈，而互相帮助要素重视创造动机即找人帮忙，如"我需要你的帮助"，或"对不起，我刚接到通知说出了一些问题"等，这样向他人表达会更有效果。

简单的倾听行为——互相帮助要素的动机

为了鼓励他人的求助行为，你能做的**第一件事就是提出能让对方有求助动机的问题**。比如："最近怎么样？""有什么烦心事吗？""有任何顾虑都请马上跟我说。""我让你做的事有没有不明白的地方？""如果你目前没空，会导致某些事延期，请一定把这个情况告诉我。""有没有什么坏消息？"

表达出希望与他人商量或沟通的意愿——互相帮助要素的动机

团队中有些成员不愿意向上司报告问题或与人商量工作，他们认为遇到麻烦必须自己解决，或者应该在问题解决之后再向上司汇报。现在学校要求学生独自完成作业或课题，独自考试，独自写报告，因此应届毕业生和年轻员工有这种想法也无可厚非。

作为上司，面对这样的员工，直接表达你的想法比较有效。如："我希望你能及时向我汇报工作和咨询问题，这样我们就可以一起解决问题。"或者说："如果有些事你能及早告诉我，我就可以在问题变得不可收拾之前将其解决掉。"

在帮助新人做某项工作时，上司可以试着用"动机→行动→反馈"这个组合作为方法。

"如果你手头的工作已经停了 10 分钟，请一定告诉我。只要告诉我你的手停了就行。到时我会问你在什么地方停下的，你逐个跟我说就行。如果我太忙，你不好跟我搭话，那就写封邮件，写一行字说你手头的工作停了，到时我会去找你谈谈。"

如果把这个例子写成"动机→行为→反馈"的形式，就如下面所示。

动机：手头的工作停了 10 分钟，前辈看起来并不忙。

行为：说"我手头的工作停了"。

反馈：跟前辈沟通具体情况。

动机：手头的工作停了 10 分钟，前辈看起来很忙。

行为：发送电子邮件说"我手头的工作停了"。

反馈：前辈过一会儿会问自己具体的情况。

此外，我们在工作中不仅要鼓励新人及时寻求他人的帮助，甚至那些有能力的管理者也需要这种鼓励，上文的方法是非常有效的。

曾经担任过丰田汽车名誉会长的张富士夫，在担任美国乔治敦工厂厂长期间发生过这样一件事。

在一位刚上任不久的经理向大家汇报各项工作进展得如何顺利时，张富士夫说："大家都知道你是一位优秀的经理，不然我们也不会聘用你。请直接告诉我目前你遇到的问题，这样我们就可以一起想办法解决它。"[14]

我们可以用"动机→行为→反馈"框架来分析这个例子，如图 3-17 所示。

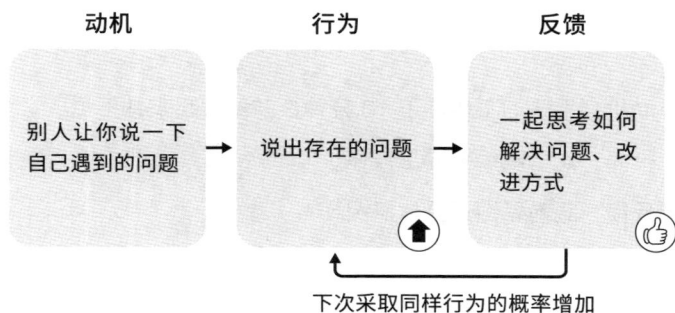

图 3-17　创造求助的动机

在这个要素中，很重要的一点是团队领导者要给成员一个寻求帮助和谈论问题的动机，以及给予一个让对方觉得说出问题、找人商量是正确选择的反馈。然而，现实情况是，组织中常见的反馈是下属在汇报问题时总是会被上司问"为什么会这样"或"为什么会发生这种问题"。

不要问为什么——互相帮助要素的动机

我们要慎重提问为什么。因为对许多人来说，被问为什么的事件往往是负面的。

小时候，如果我们对父母说"我考了100分"，就会得到他们的表扬。而如果是"我得了30分"，父母就会问："为什么考这么低的分数？你怎么回事？"父母询问原因实际上是批评的一种方式。

我们的社会有一个潜在的规则，那就是成功不问理由，失败追问原因。在这样的社会背景中，在被人问到为什么时，我们往往会收敛光芒，开启自我保护模式。因此，用"什么"和"哪里"代替"为什么"，往往会有不错的效果。比如，不要问："你为什么这么做？"而要问："你能告诉我在这件事上是发生了什么吗？"不要问："你为什么要按照这个顺序做事？"而要问："你认为这件事的重要性体现在哪些环节？"不要问："你为什么没拿下订单？"而要问："你认为要提高签约率，需要改进销售环节的哪部分？"

错误的询问方式很容易让对方感到自己被惩罚或被指责，即便你是想获取信息来帮助队友。因此，在职场中很重要的一个技能是会运用开放式询问，不要让对方产生被惩罚或是被指责的感觉。

敢于挑战要素的行为分析

可以归为敢于挑战要素的行为有：钻研、计划、试验和探索、抓住机会、说出想法、改变流程、验证假设、采用新的行为模式等。

组织和团队中鼓励和欢迎挑战的人可以采取的行动包括：欢迎挑战、鼓励独创性、准许且给予机会、鼓励新举措、欢迎成员打破常规等。

在许多组织中，挑战仍然不是一种常规行为。因此，与互相帮助要素一样，我们把重点放在创造动机上可能更有效。例如，"提高工作效率，争取减少 80% 的劳力，并将节省的 20% 成本投入到未来的新工作中"，这一目标就是提高敢于挑战要素的良好动机。

Adobe 公司启动的 Kickbox[15] 项目也鼓励员工创新，为员工提供"提出想法的工具""验证想法的核对表"（两者均公开发布在 Kickbox 基金会网站上）和一张余额为 1000 美元的信用卡，可自由使用，以实现创新的想法。这也是企业鼓励员工挑战自我的一个很好的动机，是一件好事。

在这里，我们不再探究上述针对整个组织的大规模的案例，而要介绍一些团队领导者层面或管理者层面可以快速实践的动机。另外，由于如何培养创新思维超出了本书的范围，本书将从心理安全出发，探索"如何增加团队中的挑战和探索行为"[16]。

坦率说明你欢迎挑战——敢于挑战要素的动机

有利于促进敢于挑战要素的良好动机中，我们首先要介绍的是你要坦率地说明你欢迎挑战。还可以包括本书开头提到的"以前有正确答案的时代"和"今后没有正确答案的时代"的讨论。

如果团队欢迎探索新事物，可以先从声明"失败也是一种学习"开始，在风险可控的前提下，迅速进行小规模尝试，促进挑战。

限制范围，要求创新和改进——敢于挑战要素的动机

在团队或组织中征集创意时，如果你的要求是"什么创意都可以，我广泛征集有趣的创意"，反而不会征集到什么创意。

这是因为创意往往产生于有限的范围内。那么，应该怎么限制范围呢？这时就要寻找客户的负面情绪，如客户的抱怨、不满、烦恼和担忧等，并思考如何解决这些问题[17]。持之以恒地致力于提高客户的满意度和更深层地解决客户的问题，是施加限制的好方法，也是迈出敢于挑战的第一步。

就行政部门而言，将公司内部的其他部门作为"客户"重新进行定位尤为重要。行政部门的工作模式不应是"让对方按我们说的做"，而是要思考和探索如何让对方愉快地与自己合作，这将成为展开新挑战的萌芽。

分享学习，创造轻松尝试的氛围——敢于挑战要素的动机

"这篇文章里说可以尝试这种方法，所以我想试验两周时间"，提出想法后先进行两周的尝试，在这之后再决定是继续采用还是改进这种方法，通过不断的重复，可以营造出一种"可以进行尝试"和"我们可以根据自己的需要改进方式"的氛围。

应该停止的反馈和应该引入的反馈——敢于挑战要素的反馈

前文我们分析过鼓励挑战的动机。此外，还有一些反馈会阻碍你发起挑战，这种反馈应该被立即禁止。下面我们介绍一下都有哪些阻碍挑战的反馈：

- ✧ 列举出某件事做不了、感觉执行困难的理由，以及做某件事潜在的风险。
- ✧ 太过听信其他公司的事例和成功案例（这样你只能跟在别人后面）。
- ✧ "这件事真的会顺利展开吗？会不会失败？"
- ✧ 在尝试微小的策略改进阶段，过度关注 ROI（性价比）。

❖ 如果毛遂自荐，将不得不独自完成这项工作，未来将是一场孤独的战斗。

❖ 发言询问如果某件事失败了会不会被追究责任。

这些都是工作中常见的现象，但它们全都是阻碍成员挑战的反馈，对于想要尝试挑战的人而言只能起到负强化的作用。

再来看看正强化都有哪些：

❖ 赞扬挑战本身（赞扬"第一个吃螃蟹的人"）。

❖ 注重过程。

❖ 共同反思分析结果，愿意共同学习。

❖ 将组织内成员的挑战行为作为正面宣传的对象，视其为榜样。

在上述行为中，特别是共同反思分析结果和共同学习的态度，即所谓的"反思"对心理安全的构建非常重要。因为这种态度正是打造从实践中学习型团队的核心因素。

开放包容要素的行为分析

开放包容的人可以分为两类：一类是展示个性和人格魅力的人，另一类是欢迎别人展示个性和人格魅力的人。

第一类人采取的行为有分享自己的观点和看法、发挥自己的优势、承担自己擅长领域的工作、把自己弱势领域的工作委托给别人、分享自己的价值观等。

第二类人采取的行为有欢迎差异而不是寻求同质、包容、根据人的个性和特点搭配最佳组合和优化分工、欢迎大家提出看待事物的不同观点等。

或许有人觉得所谓的表达个性只不过是自私的表现，也会有弊端。真的是这样吗？我们简要介绍一下伦敦商学院教授丹·凯布尔等人对 Wipro 公司的一项研究[18]。

Wipro 公司的总部设在印度，由一家食品和药品制造厂成长为世界级的业务流程服务公司，在全球拥有超过 10 万名员工。这家公司对大约 600 名运营中心的新员工展开过一次培养计划，他们被随机分为 3 组。第一组接受注重个人特点的培训，第二组接受注重公司身份的额外培训，最后一组接受与往年相同的培训。

在这 3 组新员工入职半年后，客户对第一组员工的满意度更高，而且该组员工留岗率也比其他两组高出 33%。

在进行单独培训时，注重个人特点的小组主要做了哪些事呢？总结如下：

❖ 高级别领导在给他们做演讲时明确表示工作是表现自我、展示自我的绝佳机会。

❖ 对每个新员工都进行问题解决训练。

✧ 引导新员工反思自己的训练问题，思考如何将自己的优势运用到工作中。

✧ 每个新员工向小组成员介绍自己，并分享自己在训练中做出的决定。

✧ 获得公司颁发的印有自己姓名的徽章和衬衫。

丹·凯布尔等人的结论是："与那些认可、接纳本色自我的人建立关系，会增加彼此分享信息和相互合作的倾向，从而提高工作效率。"

此外，尝试这种训练也是一个很好的动机，可以促进开放包容要素。

下面，我想谈一谈团队领导者层面也能做到的动机和反馈，而不是这种大规模的、全公司的行为。

首先需要停下的习惯——开放包容要素的动机和反馈

在许多组织中，阻碍开放包容要素的动机和反馈出奇地普遍。

阻碍开放包容要素的动机：

✧ 老板的意见是绝对权威，员工没有发挥个性的空间。

✧ 身边的人强烈认为某个职位的人"就应该是这样"。

✧ 高级管理人员头脑中的问题总是让人像猜测谜题般寻找正确答案。

✧ 团队不考虑成员的优势和弱势、擅长领域和不擅长领域等
个人差异，搞平均主义。

阻碍开放包容要素、起负强化作用的反馈：

✧ 注重琐碎的方法和过程，而不注重实现目的、达成成就。
✧ 比起独特的创意，成员只要做好上司交代的事情就会得到
表扬。
✧ 唯命是从者和阿谀奉承者更受团队的重视。
✧ 不接受新想法，要求成员按常规行事。
✧ 不能理解对方时就不再与之沟通。

我们只要尽可能仔细地剔除这些动机和反馈，就可以创造
一个开放包容的氛围。

鼓励坦诚地展现自我——开放包容要素的动机

我们在考虑采取任何具体的措施之前，鼓励坦诚往往是一
个首选的通用措施。

你可以跟团队成员这样说："我非常希望你们能在这个团队
中发挥自己的优势。不要忘记维护团队成员之间的感情，保持
对工作的敬意，充分展现自己的才能。如果有什么事妨碍你发
挥特长，可以随时找我反映。"

当然，即使事情进展得不顺利，你也可以说一些感谢大家的话，如："谢谢你发挥自己的特长。"只有你真正遵守了诺言并与反馈配合起来，这种方式才会奏效。

识别和优化有价值的行为——开放包容要素的动机

有些时候，人们在正强化或负强化之后并没有立即得到反馈，但是因为享受工作本身就继续做下去了，或者更确切地说，是因为喜欢工作才去做的。

想一想喜欢钓鱼的人，或许会加深你对这种行为的理解。

在行为分析中，我们可以对垂钓者的钓鱼行为进行如下分析。

钓鱼行为的前提是，垂钓者要在一个可以钓鱼的地方，手边还要有鱼竿等工具。然后垂钓者会钓到一条鱼作为自己的奖励。但是，垂钓者并非想要鱼作为反馈。如果他们只是想要鱼，那有人就会说："我在筑地市场①买了一条更大的鱼，我把它作为礼物送给你。"垂钓者应该感到更高兴，但事实却并非如此。

也就是说，垂钓者不是为了获得鱼这种反馈而追求效率或成本效益，而是为了从垂钓行为本身获得享受和回报。对于喜欢有价值的行为的人来说，反馈就如同奖金一样。这里的垂钓者如果钓到鱼当然会非常开心，但这不是他去垂钓的必要条件。在本书中，我们将这种行为称作"有价值的行为（Valued Behaviors）"。

---

① 日本最大的鱼市场。——编者注

有价值的行为不是指你应该做的行为，而是指你会全身心投入的行为，即使面对困难或逆境，也能继续在该领域坚持不懈地努力。

对个人来说，有价值的行为各不相同，它可以用来提高心理安全四要素中的④开放包容要素。发挥自己的个性和优势，并能通过合理安排激励别人发挥优势，这非常重要。识别有价值的行为将帮助我们发现自己或他人的个性和优势的来源，指导我们在工作中合理安排人员，让成员最大限度地提高绩效。

此外，有价值的行为可以促进敢于挑战要素，而且，如果成员能相互分享自己有价值的行为，也有利于促进互相帮助要素。最终，团队工作的优点就是成员的优势得到发挥，劣势得到弥补。最重要的是要让团队成员去做自己想做或看重的以及擅长的事情，发挥他们的光和热。通过这种方式，找出让你和团队成员只要一直做就很幸福的事情。我们将在第 5 章中讲述具体的方法。

了解你自己的优势（有价值的行为），你自己要放弃完美主义，扬长避短；了解团队成员有价值的行为并据此进行调整，这将是一个很好的动机。

严厉的效果

严谨起见，在本章的结尾，我将从行为分析的角度讲一下如何指导和培养团队成员。利用动机和反馈可以增加或减少团队成员的某些行为量。

在本章我们已经讲过，我们应该把行为本身与其质量做区分，在希望增加行为本身的数量时，我们尽量给予正强化。但是，当质量达不到要求，而我们又想提高质量时，应该怎么做呢？

当我们处于领导地位时，有些人认为，在下属工作质量不达标时训斥下属被认为是领导工作的一个重要部分，有时，这种信念根深蒂固。可能许多人认为，一个人成为领导者后，必须表现得非常严厉，以免被人看不起。但是，正如我们已经看到的那样，训斥下属只会起到减少其行为的效果。

虽然减少行为有时是有益的，例如，训斥一个在工厂里胡闹的新人，他的胡闹会带来生命危险或受伤风险；但当对方汇报的质量不高，而你又希望对方继续汇报时，训斥他则是一步坏棋。

斯坦福大学的科学主任艾玛·塞帕拉（Emma Seppälä）在一篇文章中说[19]："严厉的经理人往往认为给员工施加压力会提高其绩效。这是错误的，因为这种方式提高的不是绩效，而是压力。研究表明，过度的压力对雇主和雇员双方都会造成一系列的损失。"

综上所述，领导者单纯的严厉要求或给予负强化是没有多大意义的。

当你严格要求成员时，成员们会在你面前说："是的，我会好好做！"这让你和他人觉得你是在指导部下，属于正强化，而这可以维持和增强你的严厉行为。不过，你可能也有过这种经历，虽然挨了批，但是有了干劲（行为量增加了）。我自己也不止一次受到过导师的这种训斥，然后重新思考自己的人生。

这种训斥中双方已经建立了牢固的信任关系，训斥者更多地是考虑被训斥者的发展（技能提升、未来），以及训斥对方是为了对方好，而不是落井下石。

我的一位导师曾送给过我一句话："不要吝惜发挥你的才能！"尽管他训斥我时很严厉，但却传达了他对我的信任，他相信我有把工作做好的能力。因此，在你确信你比对方更关心他们的能力发展和未来前景之前，最好不要轻易使用"通过严厉要求对方来促使对方行动"这类高级别的招数。

利用提示培养技能

提示是一种能提升对方技能和工作质量的有效方法，上司不需要总用训斥这种严厉的方式指导员工。提示也是一种动机，是可以辅助增加成员正确行动概率的方式[20]。通过提示，可以训练出知道正确答案的一系列行为模式。

提示有强弱之分。图 3-18 总结了提示的强弱等级。

一般来说，强提示很少失败，但是需要领导者更多的精力，

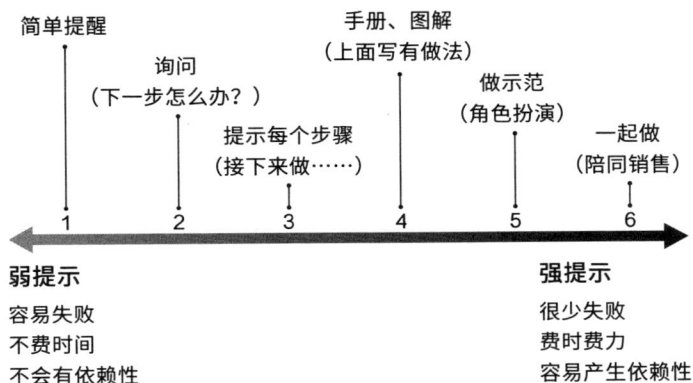

图 3-18　提示的强弱

而他人更容易对此产生依赖性。如果某个成员的工作技能还欠缺，可以通过 3 至 6 级的提示来培养对方，让其加速提升技能。但原则是领导者要给予尽可能弱的提示，一旦对方掌握了工作所需的能力，就要取消提示（淡化）。

6 级提示是"一起做"，比如一个资深销售同事陪同新人展开工作。虽然在一开始这对新人会很有帮助，但如果新人一直处于没有资深同事的陪同就做不了工作的状态，那就会成为一个问题。因此，要通过 5 级提示的"做示范"，以及 4 级提示给新人一份手册或有插图的客户需要确认的清单，逐渐让新人能独当一面。

3 级提示是资深同事在每个步骤都给予新人指导，即在与客户的几次面谈之间，分享客户的信息，给出指示，以便新人能够为下一次面谈做好准备。当新人有足够的能力时，只需向他们提出诸如"你认为下一步该采取什么策略"这种 2 级提示的问题即可。

如上所述，强提示比较费时费力，一旦被训练者的行为模式建立起来了，最好就取消提示。此外，1 级提示的简单提醒，在现代社会中可以利用科技手段来实现。

日立公司研究员矢野和男博士为促进组织和团队的心理安全而进行的研究发现，团队领导者每天花费不到一分钟，用智能手机给企业员工发一些小提醒，如"主动与 A 先生交谈"或"对下属的问题咨询持开放态度"，在接下来的一个季度里，遵循这些提醒的团队比不遵循这些提醒的团队订单完成率高了 27%[21]。

由此可见，即使在完全掌握了工作技能的情况下，这些为打造更好的组织和团队而做的小提示（提醒）也仍然有效。

负强化与心理不安全

现在你已经学习了行为分析，已经对导致心理不安全的管理方式有了更深入的理解。

心理上不安全的组织利用负强化进行管理。

当然，在负强化的管理方式下，人们也能努力。比如可以努力用我们前面讲过的负强化消失带来的强化，或者努力避免将来可能出现的负强化。也就是为了不挨骂而努力工作或为了不挨批而遵守规则等。有些领导者和管理者看到这一点，觉得为了让大家努力工作，必须严格要求，这也可以理解。

然而，我们已经知道，利用负强化让人努力工作的方式在实践中并不长久，因为它有副作用，比如会让大家远离给予负强化的人。

此外，在心理不安全的组织中，成员的各种行为会因负强化而被削弱。如果出现问题马上就会挨骂或者被追究责任，那原本我们不希望减少的行为也会因为负强化的出现而有所减少。

这会导致团队中真正备受期待的行为也被削弱，例如，"我有想法，但还是不要多话为好"，或者"我感觉这件事不太对劲，但上司已经这么说了，所以还是继续这样做下去吧"。

请不要再给予团队和他人负强化了，要试着关注正强化。

04

稳住表达：好好说话，
提高团队心理安全感

对于一个团队或项目来说，经营理念就是将重要的事
用语言表达出来。

语言可以动荡团队，也可以稳住团队

在构建心理安全，不依靠惩罚、焦虑等负强化方式进行管理和领导时，人们经常有这样的疑虑："这样大家就会努力工作吗？""如果不严格要求，大家不会偷懒吗？"这些问题的一部分答案，就是第3章讲的灵活使用正强化反馈，以及基于有价值的行为进行合理的人员配置。

在本章中，我们将讨论有关语言行为的理论和实践，这是打造不依靠惩罚就能让大家都努力工作的团队氛围的最后一块拼图。

你有没有遇到过这种情形，你鼓励大家自由发表意见，但却没人开口？或者由于没有人回答，你不得不点名让大家轮流开口，结果大家说的都是一些无关痛痒的小事。这都是人在心理不安全的状态下的表现，在这种状态下，焦虑情绪会不断蔓延。虽然大家都在严格遵守规章制度，但工作却浮于表面。如果你没有过遵守规则并获得认可的经历，如"我的意见被团队采纳并改进了现有的工作方式"或"我的意见得到了大家的赞赏"等，那么提建议也会变成形式上的规则。

　　本章的主题之一是如何将团队改变成一个能够真正采取行动的团队，而不是把提建议当作形式上的规则。

　　在本章的后半部分，我们会讲解如何用语言表达出让团队更加成熟及创造组织文化的大义和重要的事。这有利于培养团队用语言表达出要到达的目标并向目标迈进，而不是领导者通过惩罚和焦虑让团队更加努力工作。

　　也就是说，我们将利用语言的作用来增加与心理安全四要素相关的行为，同时说明人们要如何更好地朝着目标不断前进，而不是依靠惩罚和制造焦虑让人前进。

利用语言学习行为

　　行为分析中的"动机→行为→反馈"机制，实际上也是一种可以被动物利用的行为原则，即"动物行为"[1]。动物行为和独属于人类的语言行为[2]之间的主要区别在于学习风格。

　　如图 4-1 所示，动物行为是先有行为。也就是说，它们是在行为发生后立即得到反馈，然后才知道正强化是应该增加的行为或负强化是应该减少的行为，即它们的学习风格是体验学习。

　　而人类的语言行为则是首先有语言。其与动物行为的主要区别是，先用语言进行教育，不用付诸行动也能学会恰当的行为。

动物行为 从体验开始学习	语言行为 通过语言改变行为
动机 → 行为 → 反馈	语言的动机 → 行为 →
根据行为的反馈是正强化还是负强化进行学习，从而知道"这个行为让人很愉快"→"还想再次尝试" 即动物行为是体验学习 根据经验进行学习	通过语言学习还没有体验过的东西，比如"去做"或"这么做将来就稳了" 即通过读书、上学、接受培训进行学习

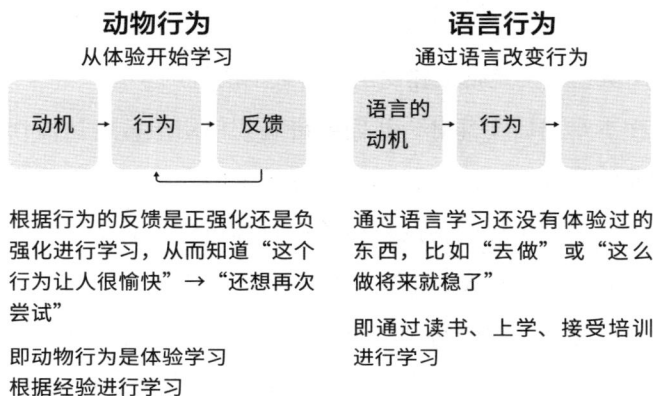

图 4-1　动物行为和语言行为

也就是说，动物只有当它们靠近公路并发现有汽车高速通过，在它们经历了恐惧（＝出现负强化）之后，才会知道跑到公路上非常危险（以后它们跑到公路上这一行为受到削弱、概率降低）。

而语言能力已经发展到一定程度的孩子则无须经历恐惧就能通过语言学习到"人在公路上行动会很危险"，从而采取适当的行为。

人类行为是在动物行为的基础上添加了语言行为

即便在生命诞生约 1 亿年之后，微生物等原始生物仍然很难进行"动机→行为→反馈"这类高级学习（改变行为）。直到鱼类诞生后，即大约 4 亿年前，生命才会使用这一行为分析框架。

而掌握语言行为需要更多时间，人类从 600 万年前与黑猩猩分化到获得语言能力，其中语言行为的萌芽估计在距今 7 万年前[3]。

因此，最好不要把我们人类的行为看作是与动物行为完全不同的，而是在约 4 亿年历史的动物行为上，又加上了近 7 万年的语言行为。这种语言行为的理论就是"关系框架理论"[4]（图 4-2）。而正是这种后加的语言行为使人类比其他动物更加高级。人类能够用语言表达个人的学习体验，并将其升华为团队学习，并在团队内进行沟通交流以推动项目不断进展。

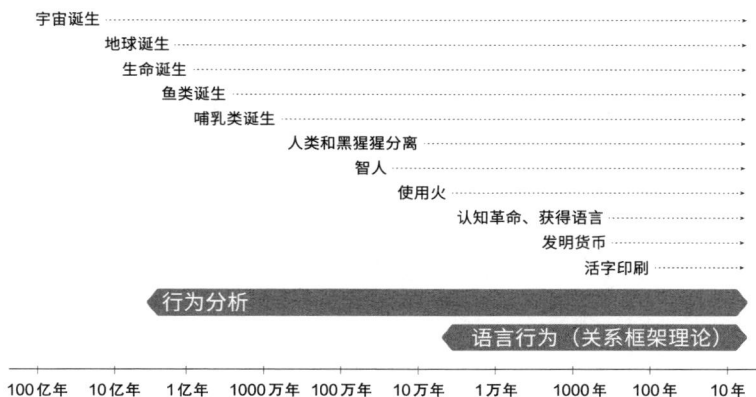

图 4-2　关系框架理论

语言影响人们行为的深远力量

语言有很积极的一面，一家好公司的使命、一家优秀企业的愿景或一位优秀领导者的号召可以让人通力合作。

语言也有黑暗的一面，有时人们会被过去的成功所束缚，导致无法出现敢于挑战新事物的行为。人们相信语言的字面含义，而从经验中用心接受反馈的能力及感受变得钝化了。

此外，语言还会导致一些人对其他人、其他部门和具有某些特征的人的判断带有偏见，如当你认为"那个人不行"，就不会看他的实际行为，这可能阻碍开放包容要素。

语言创造了非此时此地的"现实"

回想一下你曾读过的最令你感动的小说，主人公在故事中或大展身手或深陷困境，对于他们的浪漫恋爱或所处的境遇，你或激动或愤怒或兴奋，有时甚至会感动得落泪吧？然而，小说归根结底只不过是纸上的油墨或屏幕上闪烁的字符。我们是一种特殊的生物，可以被文字打动，产生共情并展开想象，切身感受小说中的故事情节。通过这种方式，语言可以创造出非此时此地的"现实"。

大家可以想一下"钱"这种东西。钱是印有图案和数字图形的纸或其他材料。如果我拿了你的钱包，从中拿出 3 张一万日元纸币，在未经你允许的情况下将其撕毁，只是听着你就会觉得很心疼吧？

而假如我对着大猩猩拿出一张一万日元的纸币说："嘿，我能用这张纸换你那根香蕉吗？"大猩猩应该不会理睬我。因为一万日元纸币的价值对大猩猩来说是不现实的。

正是人类的语言能创造出非此时此地的"现实"，由此创造了故事，并使我们能够像尤瓦尔·赫拉利在《人类简史》一书中所说的那样："以一种非常灵活的方式与无数的陌生人合作。"也就是说，这是我们与人合作和团队精神的源泉。这里的语言可以被解读为一种符号（象征）。

不仅是本书中的文字，还有我们头脑中的声音、公司的品牌标识或某种有特定颜色的图案，我们都可以将其与现实联系起来。也就是说，我们的这种语言能力，其本质是将现实与符号联系起来的能力，即符号操作能力。

例如，绿白相间的星巴克品牌标识上有塞壬女妖，她能预知未来并用歌声吸引路过的水手。星巴克的品牌标识超越了单纯的图片，让我们联想起"咖啡""第三空间""完美的客户服务"和"舒适的地方"。

这样的标志被公认为是一个品牌，它不仅为消费者创造了一个积极的企业形象，而且也让在那里工作的员工感到他们在为一家优秀公司工作。

众所周知，与一个符号相关的印象，包括这个标志在内，我们可以做加法，但很难做减法，即很难消除人们心中已经与它相关的印象。

因此，当管理层希望向内部和外部传达公司发生了重大变化，或者几家公司即将在企业并购中走到一起的消息时，重新包装包括品牌标识和企业信息在内的企业形象（CI），是一个非常有效的举措。

这种将符号（文字、记号、声音等）与不同的现实联系起来的能力成就了规则支配行为（Rule Governed Behavior），即遵循我们用语言制定的规则行事的能力。

语言制定规则，规则支配行为

得益于这种关联的能力和符号操作能力，我们可以超越目前的正强化和负强化，为长远的发展做出努力。

这种利用语言与未来的反馈相关联的能力，以及通过语言支配和控制行为的能力，被称为规则支配行为。

下面我们将介绍规则支配行为的 3 种类型，并解释语言动机如何影响听到或相信这些规则的人的行为。

◇ 奉命行为：听从命令，按规则行事。

◇ 认可行为：按照遵循规则获得的反馈行事。

◇ 同感行为：反馈的力度发生变化。

奉命行为

奉命行为[5]是指按照别人的吩咐行事。它包含的意思是"这是规则，所以你要遵守"。通常那些认真或优秀的人，或者那些基本上不质疑规则并努力遵守的人是奉命行为的主力军。

日本的组织和团队一直以"和谐与尊重"为原则，一直非常重视这类不过多考虑的人。在以前鲜有变化且有正确答案的时代，这种做法可能很有效。但在今后，正确答案变化莫测，前提条件不断发生改变，如果组织坚守奉命行为意味着组织将继续遵循过时的规则，无法适应变化。

此外，当一个组织或团队在心理上不安全时，为了保护自己，人们更关心自己是否严格遵守规则，而不是做没做出成绩。比起有用与否，人们开始更关心自己是否正确。

奉命行为实际上并没有让人从行为本身得到反馈。他们更关心的是提出规则的人给予的反馈。这种规则支配行为很容易导致团队成员开启"察言观色"模式（图4-3）。因此，团队很容易陷入心理不安全的管理模式，即利用惩罚和焦虑进行管理。

下面的事例将帮助你理解这一点。

假设你是一个团队的领导者。你的上司让你多与团队成员交谈，这是一个语言动机，也就是一个规则。这本身可能是一个旨在提高畅所欲言要素的指令，但你无法了解这种口头指示的意图。

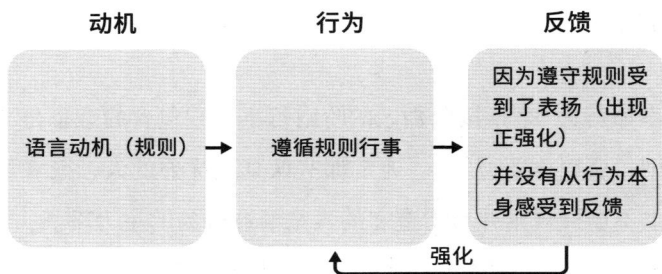

图 4-3　奉命行为的行为分析

　　如果是奉命行为，你可以按照上级的指示采取谈话这一行为，即使实际上你并不觉得应该与团队成员多交谈。

　　通过谈话，你并没有觉得你从与成员谈话的行为上获得反馈，例如觉得团队的心理安全感提高了或你更好地了解了成员的情况等。在这种情况下，反而是给予你指示的上司给予了你表扬，这一反馈占据着主导地位（图 4-4）。

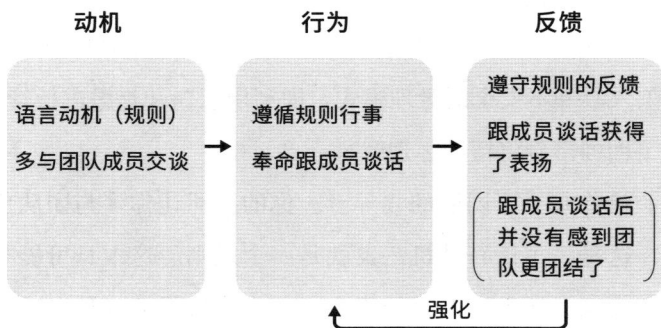

图 4-4　没有实际感觉的反馈①

我们在从事需要花费时间才能做出成果的工作时，这种奉命行为会很有用。例如，销售人员在销售技能培训中进行角色扮演，一两次的练习可能不会让你立即感到自己的能力得到了提高。然而，如果这一行为受到肯定，并被表扬"做得很好"，这些会让你相信角色扮演的作用并继续练习下去，即使你的销售水平并没有得到立竿见影的提高（图4-5）。

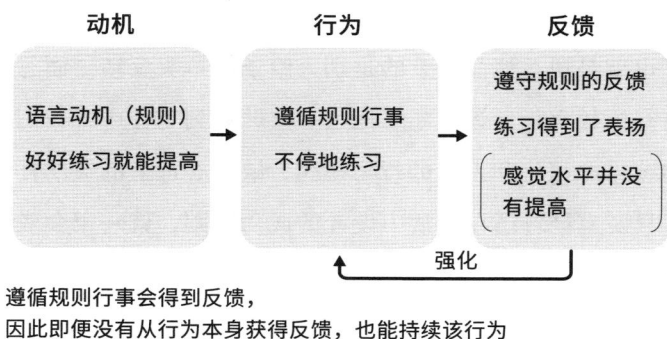

动机	行为	反馈
语言动机（规则） 好好练习就能提高	遵循规则行事 不停地练习	遵守规则的反馈 练习得到了表扬 感觉水平并没有提高

强化

遵循规则行事会得到反馈，
因此即便没有从行为本身获得反馈，也能持续该行为

图 4-5　没有实际感觉的反馈②

然而，奉命行为有两个问题。一个是提出规则的人一时心血来潮给予的反馈会在很大程度上影响你的行为。

假设你学习知识时想的是"知识分子会受到尊重"和"我想成为一名知识分子并受到尊重"这一规则。那么，你就不是在经历或体验获得知识的喜悦，而是看你是否受到他人的尊重，这种行为就是奉命行为。但是，"别人的尊重"这种反馈是变化无常的，别人可以尊重你也可以不尊重你。固执地遵循这种奉命行为，相当于将自己的人生交给他人摆布。

另一个问题是，我们从行为本身获得的反馈被忽略了，原本可以接触到的反馈丢失了。

如果一个人听到一个观点，"有教养的人应该去美术馆"，于是就遵循奉命行为去了美术馆，但他并没有欣赏和享受艺术品，而只是走马观花地逛了逛，这让他觉得自己是个有教养的人，而这就是他得到的反馈。

也就是说，他们看重的是别人给予的口头反馈，而忽略了来自行为的实际反馈。如果把这一点转化到工作中，我们可能会继续采取僵化和无益的行为模式，缺乏心理上的灵活性，认为"只要遵循自己在生活中设计的成功法则，就一定会成功"，尽管现实情况和客户的反应都表明这样不行。

如果与下面的认可行为相比较，这一点就更好理解了。

认可行为

认可行为[6]虽然也遵循规则行事，但从中能感受到行为本身的反馈，这是其与奉命行为的不同之处（图4-6）。

想象一下你第一次去一个新地方时，一边走一边看地图或导航的情形。你依据地图走，但在走的过程中，你会想"转过这个弯，应该有一家便利店……确实有"。你在依据地图这一规

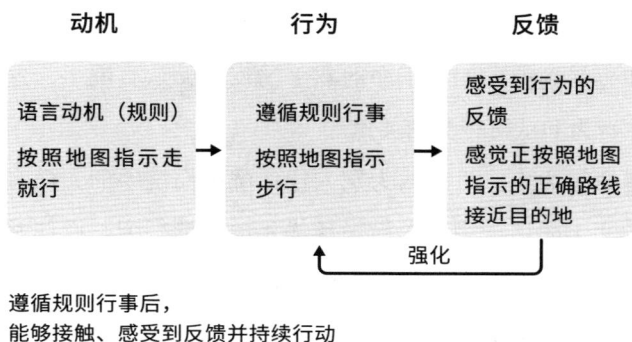

图 4-6　认可行为的行为分析

则前进的同时，可以在走的过程中感觉到自己离目的地越来越近，即你从步行的过程中得到了反馈（图 4-6）。

在认可行为中，行为人能感受到行为本身的反馈，所以当他们发现地图这一规则有错误，比如由于地图版本太老而没有显示出某栋建筑或某条道路正在施工时，行为人就可以寻找其他地标，改道、寻找新的适当的路线以到达自己的目的地。

审视行为的功能

事实上，即使是看似相同的行为，往往也是不同的，比如一种行为对一个人来说是奉命行为，而对另一个人来说却是认可行为。

例如，如果语言动机是"请洗一下你的手"，那么在采取

"洗手"这一行为时，你是因为别人让你洗手而洗手，还是你在接触和感受到他人拥有干净的双手的反馈而认真洗手，这是区分奉命行为和认可行为的关键。

奉命行为中，只是因为别人让你洗手而洗手的人没有感受到双手变干净这一结果，最终却优化他们的行为，以便看起来像是洗过手了（即使他们的手确实不干净，需要洗手）。这是因为他们注重的不是自己洗手的事实，而是给提示规则的人反馈，即他们是受到认可还是否定。

而在认可行为中，你可以在接触和感受反馈的同时采取行动，所以你会觉得"也许在这个范围内，规则是错误的，那就让我们稍微修改一下吧"，这样的话，我们可以在心理上采取灵活的态度。

很多团队都是因为成员采取的是奉命行为而不是认可行为，才得到各种各样质量不高的工作状况这一结果。

假设你在管理销售人员的客户拜访量，并负责发布工作指标（要求），如要求销售人员每月拜访 60 个客户。然而，如果他们觉得这个要求是错误的，或者他们认为以这种管理方式很难获得成功，那他们就不会出现认可行为。在这种情况下，如果有人提示说："销售人员一个月拜访 60 个客户，大约是每天拜访 3 个客户。根据某某成员过去 6 个月的销售业绩，每拜访3 个客户就会拿下一个订单，这意味着你每个月可以拿下大约20 个订单。如果每个订单的销售额是 20 万日元，那月销售额就是 400 万日元。即使实际数据比这少一点，仍然可以轻松实现一个月签约 300 万日元的目标。预约团队会尽量在同一区域内预约客户，策划团队也会负责制作销售材料，大家可以集中精力进行销售。"这样就比较容易在团队中产生认可行为。

要创建一个具有高度心理安全感的团队，好的管理工作必不可少，能增加成员的认可行为的管理是非常有用的。

领导者在制定规则时，很重要的一个指标是要增加成员的认可行为，让成员接触和感受规则，减少奉命行为。本书不仅仅是可以帮助你提高心理安全感的技巧集，还解释了心理安全的科学定义和四要素原理、行为分析和语言行为，这正好为认可行为创造了条件。

团队的规则之所以经常导致成员出现奉命行为，主要原因是规则的制定者和管理者未做充分的解释。在那些动不动就强调"这是规定，所以……""这是领导层的决定，所以……"的组织中，成员的这种奉命行为会越来越多。

不要只告诉对方行为规则，比如该做什么和不该做什么，而要同时给予他们动机和反馈，以鼓励他们采取认可行为。

这里的动机指的是何时可以利用该规则。反馈指的是采取对方推荐的行为后会有什么结果，或者有什么迹象表明它正在朝着好的方向发展。

同感行为

最后一个同感行为[7]与其他两个行为略有不同，它是一种规则支配行为，但不能单独发挥作用，它要与其他两种行为结合在一起才可以。一言以蔽之，同感行为可以改变反馈的力量[8]。

假如一个非常喜欢编程的工程师正在做他喜欢的工作（行为）。他已经获得了"工作很快乐"的反馈，因为这就是他最喜欢的工作。此时，他非常尊敬的老板说："你所做的工作对我们公司很重要。一行源代码有时可以成为重要的商业策略。"于是，原本在工作中感受到快乐的他又能切实感受到自己非常重要。你能明白这种"反馈力量增强"的感觉吧？

一个人已经从工作中得到了属于正强化的反馈，这种反馈又强化了他喜欢工作这一行为，上司的鼓励进一步加强了这种正强化反馈所具有的强化行为的作用。所以这个工程师会更积极地参与到工作中。

相反，如果有人不经意地告诉这个工程师："你所做的工作只会增加公司的成本。"那么他就是被泼冷水了，他从工作中获得的乐趣也会减少。

可以说，同感行为是一种语言规则，通过增强或减弱反馈所具有的正强化或负强化的力量，来增加或降低人行为发生的概率（图 4-7）。

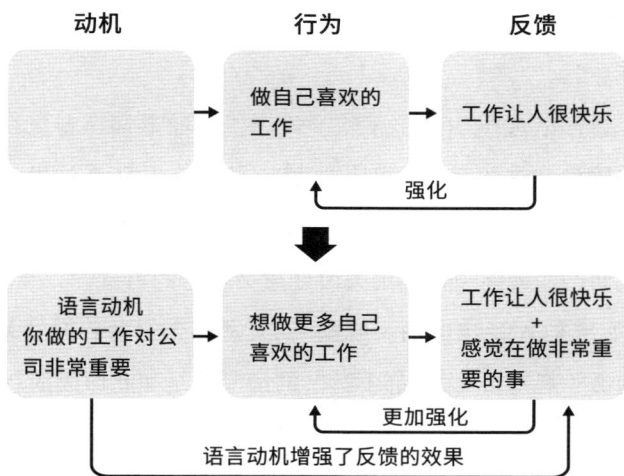

图 4-7　同感行为的行为分析

提高说话者的可信度，让对方遵守规则

在职场中，规则是为达到某种目的或为应对问题而制定的。我将介绍两个按照规则采取行动的方法，根据关系框架理论的观点，这些规则更有可能被遵守。

第一个方法是关于说话者的权力。奉命行为是只遵守规则，是否真正采取行动取决于提出规则的人的影响力和可信度如何。这种影响力和可信度可以来自社会权威等，但在职场或团队中，一个人的历史会对其影响力和可信度产生影响，比如有的领导者被下属这样评价："我按那个领导说的做了，但他却过河拆桥"，或者"我按他说的做了，他却没有一句感谢的话，也没有跟进任务"。

尽管团队或组织制定了新的规则，但如果领导者忽视了对规则的维护或者不遵守规则，那规则就不会有什么效果。如果这种情况持续下去，在团队成员看来，规则就不再是规则，只是说说而已，最终规则会失去改变成员行为的力量。

"如果是 A 说出的话（规则），大家都会行动，但如果是 B 说出的话（规则），大家都不听"的情况就是如此形成的。

"领导者提示下属或成员规则的动机""下属或成员的行为"和"领导者对遵守规则的反馈"，这种组合的每一次积累，都决定了下一个奉命行为的有效性。

让对方接触到行为的反馈并遵守规则

让成员遵守规则的另一个方法是让团队尽可能多地出现认可行为。

要将某一行为转化为认可行为，很有效的方法是采取该行为的人从行为中获得反馈后，可以试着指出这种反馈。

我们在第 3 章中已经讲过，丰田公司的张富士夫先生提倡互相帮助，他鼓励新任经理"谈谈你遇到的问题"，这就是语言规则。

我们假设一个新任经理最初怀着忐忑不安的心情说出问题，

在他讲完问题后，其他经理人立即通力合作解决了该问题，实际上他是得到了帮助，但也许在这个时候，这个新任经理并没有接触到或感受到反馈。

会议结束后，再重新问对方一些问题，比如："把你遇到的问题真实地表达出来，感觉如何？"对方回答："把问题讲出来很好，很有帮助。"这可以帮助参与者感受和接触到规则带来的反馈。

再进一步，如果事先用一套特定组合比如"行为＋可能出现的反馈"来介绍规则，比如问："请说一下你面临的问题。我们在座的经理人会和你一起考虑这个问题。"那么就更容易让人们带着真实的感觉去遵守规则。

完善规则

我们对规则支配行为的研究表明[9]，适当的反馈、可靠的规则更容易被遵守，而反馈力度较小、低概率的规则很难被遵守。

可以说，小的反馈只有在累积的情况下才有意义。

假设你努力学习英语，每小时或每天都要有反馈，即"英语水平有提高"，但反馈不明显，以至于你无法真正感受到它。因此，"如果你每天学习英语，你的英语水平一定会提高"这样的规则是很难再被你遵守下去的，除非你在学英语这件事上花心思、下功夫[10]。

如果团队中有一些规则难以遵守，那么适当反馈，或者提供额外的强化或削弱，可能比较实用。

以敢于挑战要素为例，团队或者某个成员挑战一个尚没有业绩的新项目时，成功反馈的概率通常很低。一方面，如果只有在成功后才会被认可，那就没有人会遵守这一规则。另一方面，无论结果如何，如果敢于挑战本身就受到其他人的鼓励和关心，尝试新事物或以新方式做某事的行为本身就受到大家的称赞，那么更多的人就会没有顾虑地尝试新事物。

这种反馈不一定是涨薪或职位晋升。即便只是在每周的例会上做一个善意的介绍，如"本周 A 君开始了一个有趣的尝试"，或"由于 B 君的新想法，每个人都有机会去尝试"，也会产生不同的效果。

用语言打造良好团队文化

明确重要的事并增加行动

在同感行为中，我们明白了语言动机会对反馈的大小产生影响并强化行为。

一个人清楚地表达出对自己和组织或团队来说重要的事是什么，就能够激活这种行为。

对组织来说，重要的事被称为"经营理念（使命）"或"经营目标（愿景）"，而好的经营理念和经营目标会鼓励成员通过同感行为来采取进一步行动。

"明确重要的事"就是本书在第 2 章中提到的心理灵活性的第二个要素：朝着重要的事努力，致力于可以改变的事。

用语言表达重要的事的 3 个步骤

首先，你自己要亲身体验一下语言的力量。

利用语言明确阐述你在日常工作中重要的事和真正想要重视的事情是非常重要的。我们将给你一个三步骤的小技巧，让你重新定义工作的含义和意义，改变自身的工作和管理方法，改变你行为的质量和数量，让你以自己的方式（＝开放包容要素）迈出敢于挑战要素的第一步。

步骤 1
什么是你的"核心业务"？即你在工作中一直在做的重要的事是什么？

✧ 管理	✧ 销售	✧ 准备资料
✧ 数据分析	✧ 购买和采购	✧ 经营规划
✧ 新业务	✧ 市场调查	✧ 市场推广
✧ 规划	✧ PR（公关人员）	✧ 会计

✧ 内部控制   ✧ 审计   ✧ 人事

✧ 招聘   ✧ 法务   ✧ 合同起草

✧ 流程优化   ✧ 咨询

步骤 2

在这项工作中，什么事情让你觉得重要，值得重视？

"重要的事情"不需要他人普遍认为重要，只要你自己觉得重要就可以。你可以用第一人称将自己觉得很重要的事情写下来，例如，"我希望重视……"或"我非常重视的是……"尽可能使用肯定的形式，比如"做什么"，而不是"不做什么"。

步骤 3

试着对受到你工作影响的人展开更广泛和更深入的想象，你能对这些人产生什么积极的影响？

试着重新定义你在步骤 2 中所说的在你的核心业务中重视的事情，其中包括这种积极的影响。

当这些事情被用语言表达出来时，你是否有一种"想要奔向那里"的感觉？是否感觉很兴奋？如果你有这种感觉，说明你做得很好。

例如一个销售人员认为他的核心业务是"与客户真诚交流，为公司创造销售业绩"。通过这些步骤，他想到了这句话："我觉得自己和客户是共同完成了一个伟大项目的队友！我从事的是很棒的工作。"

如果你把想重视的事情说出来，然后再回到工作中去，你所说的想重视的事情和"工作＝每一个行为"就会联系起来。

当你把想重视的事情和行为联系在一起时，单纯的任务就变成了有意义的工作。我相信你已经在工作或生活中的某个时刻体验过这种"奔向目标"的感觉。

这就是规则支配行为中同感行为的力量。

在此基础上，或许你可以想到一些与你用语言表达出来的想重视的事情相关的新行为（既然你重视这个，那也试着做这个吧）。这意味着行为的类别会增加。实际上，尝试做与想重视的事情相关的新行为的概率就会增加。也就是说，找到你作为个人在工作中重视的事情，不仅会增加自己行为的数量，还会增加行为的类别，从而促进自己敢于挑战要素。

到目前为止，我们一直致力于让你将对你个人来说很重要的事用语言描述出来。按照这 3 个步骤让团队的每个成员实践，即便只是说出重要的事也非常有效。

下面我们要考虑的是团队或项目层面重要的事。

对于一个团队或项目来说，经营理念就是将重要的事用语言表达出来

众所周知，极少有团队能发展成为非常大的集团，但成为

大集团后的团队仍然拥有非常出色的极富力量的语言，这些语言影响着所属员工每个人的行为。

例如，索尼公司的"开发 18 条"中的第 1 条："不制造顾客想要的商品，而是制造对顾客有用的商品。"谷歌提出的"10 个信条"指出："以用户为中心，其他一切会随之而来。"这些话至今仍然具有极大的力量。

一家公司发展到如此大的规模，其团队的语言力量仍然如此强大，这是很少见的。公司拥有的人越多，业务领域越大，能概括它们企业精神的词汇就必须变得越抽象。事实上，许多公司的口号可能都汇聚为"为客户做贡献"这一句话。

刚才我介绍的索尼公司的"开发 18 条"是从"随身听"开发团队中诞生的 [11]。在本书中，我们建议以团队和项目为单位，将重要的事和想重视的事情用语言表达出来。

各成员均执行类似任务的团队是"职能团队"，团队成员各有不同角色的团队叫"项目团队"，这两种团队的语言表达方式有所不同，下面让我们了解一下。

职能团队是把每个人重视的事情用语言表达出来

职能团队是指团队中的人拥有相对类似的技能，并被期望以类似的方式行事的团队，如销售团队、招聘团队、开发团队和会计团队。这些职能团队的工作任务非常明确。因此，团

队所有成员可以对工作中的自己提出如下文所讲的 3 个步骤的
问题。

　　其中非常重要的一点就是每个人一定要在写下步骤 1 到 3
后再与团队成员分享和讨论。这是因为，如果直接进行讨论，
那么大家最后就会同意第一个发言的人或者职位较高、经验较
丰富的人的意见。

步骤 1

　　想象一下，一个对你的工作不甚了解的学生问你这样的问
题：**在你的工作中，哪些行为对取得显著成果特别重要？**

　　销售团队可能会说关注客户的需求，招聘团队可能会说让
应聘者发挥出自己的优点，而会计团队可能会说准确无误地计
算数字等。

步骤 2

　　**采取这一行为的意义何在？就其意义而言，在现在这个时
代，对你来说，"做什么"是重要的？**

　　例如，倾听客户的问题，让应聘者成为我们公司的粉丝，
向管理层提出合理的意见，等等。

步骤 3

　　哪些事情是外行人容易认为重要但内行人知道不重要或不

应该做的？

比如，无助于增加客户访问次数和提高客户公司企业价值的阿谀奉承，无差别对待任何事物，没有重点地汇报所有细节，等等。

可以把这些行为集中列在一处，如写在白板上，并基于步骤和步骤 3，形成这个团队所独有的表达方式。如"这个团队非常重视步骤 2，而不是步骤 3"。

对这个行业还不太熟悉，不能用语言表达步骤 2 和步骤 3 的成员，应该能够通过这个过程吸收和活用经验丰富者的想法。

项目团队是"大义"

与职能团队不同，项目团队中的每个成员需要承担不同角色的任务。其中包括由社长直管的业务改进项目，跨部门、跨职能的非项目团队，以及与外部组织人员进行合作的团队。

与职能团队不同，这些团队没有业务内容、技能和工作职能这样的横向串联。将人们聚集在一起的重要事项的语言化是"大义"。

在思考大义时，我大胆建议你采用"自上而下"的方法。这是因为，如果你是项目的发起人，你需要自己思考项目的大义，并对它深信不疑，所以你要燃起自己心中的火焰，来向你的团队成员和所在组织推销这个项目，并为它积累人气。

在思考大义时，请考虑以下 3 个问题：

- ❖ 你、这个团队、这个项目将要改变什么？
- ❖ 这种变化会给谁带来什么样的幸福？
- ❖ 它有什么厉害之处？你能简单描述一下吗？

大义这个认可行为，即便是有风险的，也能让人们朝着他们认为应该做的事情前进。

什么是好的语言动机

一个好的语言动机，有以下 3 个主要特点。

- ❖ 反馈的影响力增强，即行为量增加。
- ❖ 行为种类增加，即有了新的想法。
- ❖ 当你迷失方向时，它就是北极星，它能成为你做决策的标准。

团队中使用的语言是否可以增加团队成员的行为量和行为类别？最重要的是，我们要选择能够形成良好决策标准的语言动机，影响团队的文化。

这些作为一个团队或项目用语言表达出来的重要的事需要

不时地进行更新，因为时代在变化。而这种更新的机会也正是吸纳不同观点，做到开放包容，让团队随着时代的变化而不断学习的绝佳时机。

05

心理安全手册
使用指南

无论你与什么样的团队合作，从"谢谢你"开始基本
都不会错，但前提是你要对对方的工作及背景有广泛
而深刻的认识。

你首先要改变自己的行为。

本章是一份使用指南，帮助你真正将心理安全带入你的组织和团队。

在第1章中，我们讨论了心理安全变化的3个阶段——行为和技能、关系和文化，以及结构和环境。

结构和环境往往不是一朝一夕就能改变的，大多数情况下它都是一个前提条件。为了有效地解决这个问题，我们应该先在行为和技能、关系和文化层面采取措施。本章就是为此而做铺垫的。本章的小标题对应了心理安全四要素，供大家参考。

如果你是心理灵活的领导者，那么你就能为你的团队带来心理安全。如果你的团队缺乏心理安全，那么你作为领导者是那个需要主动出击并首先改变自己行为的人。

需要注意的是，本章只是一个打造心理安全的创意集。这些创意应该用第4章的认可行为来展开实践，而不是奉命行为。也就是说，你最应该关注的是团队成员的反应，而不是书写的内容。

了解了这一点，让我们先看一下在行为和技能层面构建心理安全的做法。

在行为和技能层面构建心理安全

从感谢开始

这里所说的"感谢"并不是"心态很重要"之类的"精神论",其重点在行为上。正如第 2 章阐述的那样,人内心的东西很难受到影响。

注重感谢是有原因的。

有一项服务叫 Unipos,企业员工用这项服务互相发送感谢信,这项服务会将他们的贡献可视化。我和 Unipos 的齐藤知明社长在一个关于心理安全的活动中发言时[1],进行了一项调查。

参加活动的人员主要来自大型公司,其中 60% 以上是部门或科室经理以上级别的管理人员。调查的主题是"以下哪一项是你不好意思说出口的?",结果显示在图 5-1 中。

以下哪一项是你不好意思说出口的?

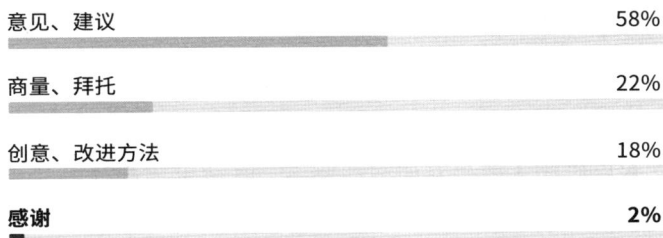

意见、建议	58%
商量、拜托	22%
创意、改进方法	18%
感谢	**2%**

图 5-1 感谢很容易表达出来

从调查结果来看，可以说最不难表达、心理抵触最小的事情，就是"表达感激之情"。

此外，人力分析师大成弘子有一项调查认为，"管理参与度高的团队领导者在表达感激之情时通常会给出感谢的理由"[2]。

因此，我们设计了"说明理由，表达感谢"的3个步骤，我们认为这样对成员来说最容易沟通，也能对提高员工的参与度起到积极作用。

步骤1

回忆事件本身：何时何地（情形）、谁（个人或团队）、做了什么？

步骤2

回顾并深入思考是什么让"我（不是别人）"特别感激。

想一想如何表达你的感激之情，最好用"帮了我的大忙"这种以"我"为主语的信息，而不是说"你真棒"。

深入思考别人怎么帮你，这就是给出理由。

步骤3

表达感谢（与对方面对面聊天、发送电子邮件、与对方开视频会议等）。

从行为分析的角度来看，感谢也是一种简单而有力的反馈。

当有人给你指出工作问题时，不要反驳，先说一句"谢谢"，有时甚至可以让大家发言和提意见的意愿更高。

另外，可能有人觉得强迫自己表达感激之情不太好，或者无论如何自己都没有对他人的感激之情或没有感激的意愿，即在 3 个步骤中的第一步就出现了问题。

解决这个问题有助于提高心理灵活性第三个要素用心辨别不能改变的事和可以改变的事，所以我们在此会进一步探讨。

从"理所应当"到"心存感激"

我们已经知道，我们无法控制头脑中的思绪，例如"要心存感激"或"要有危机感"。因此，我们希望也能把感谢看作是可以采取的行为的结果。

日语"谢谢"的汉字写法是"有り難う"。也就是说，它指的是稀有的东西，所以感激的反义词是"理所应当"。因此，如果我们能感觉到某些东西是罕见的，而不是理所应当的，那么感激之情（反馈、结果）就会涌现出来。

想一想一些东西是如何来到你身边的。

很少有人会对眼前的一瓶饮料心存感激吧？那么，让我们想一想，它是经过了多少人的努力才出现在你面前的。在便利店里，有人在收款台给你结账，前一天晚上有人把它摆到架子上，现在这个塑料瓶才会在你手里。更早一点，有人把它运到便利店，有人在工厂生产，有人把它装进箱子，有人把箱子装到卡车上，有人设计、制造、运输和安装工厂的生产设备，还有人策划了这款饮料、公开发表报告后通过了公司内部的审批流程，还有人进行产品研发，然后才到了生产车间……

虽然你不能直接控制自己在心中产生感激之情，但无论是产品、服务还是工作，请你想一想每个人的付出、作业和工作流程，这些都是你自己可以有意采取的行为。

无论你与什么样的团队合作，从"谢谢你"开始基本都不会错，但前提是你要对对方的工作及其背景有广泛而深刻的认识。

不要害羞，迈出第一步，试着从表达你的感激之情开始。

表明你积极关心和关注的态度

事实上，当你持续向外表达有理由的感谢时，你会发现，为了有理由地表达感谢，你需要真正认真地关注自己团队中的成员，并在平时经常关心他们。

从这个层面出发，持续有理由地感谢就不再是一种流于表面的技巧，自认为只要表达感谢，下属就会按你的要求去做。其真正的效果是，通过持续表达感谢，你会成为一个真正非常关心团队成员的好领导者。

积极地表达出你在密切关注你的成员，时刻关心他们，具有提高团队心理安全感的效果。

事实上，除了上述由 Unipos 株式会社和我们 ZENTech 公司联合研究的成果，通过其他行业数据也能得出相似的结果。通过 Unipos，成员们不仅可以互相说"谢谢"并将其可视化，而且还可以为感谢的双方"鼓掌"。

与语言上表达感谢不同，"鼓掌"类似于一键式的点赞。这可以解释为"积极关注"。

我们对一些公司进行了监测，发现在引入 Unipos 后，经理向同一部门成员发送"鼓掌"较多的公司，在经过一段时间（2—4 个月）后，其畅所欲言要素和互相帮助要素有了明显改善。

其实，作为领导者，很重要的一项工作是积极地关注和关心团队成员，而不是简单地监督和微观管理他们。正因为你关心关注，你才会发现工作中的一些情况并告诉对方，从而起到很好的效果。例如，可以说"在与对方会面时，你说的某句话改变了商谈的方向"或"你把那个有点复杂的事项处理得非常好"。

主动交谈

第 3 章中我们引用过日立公司研究员矢野和男博士的研究成果，他的研究表明心理安全感高的团队是那些经常进行 5—10 分钟简短谈话的团队，每周只开一次一小时的会议无法替代

（每天）5 分钟的谈话[3]。

只需在适当的时机随意跟人说说话，这是一个简单且非常有用的技巧。结合上文的"从感谢开始"，你也可以高频率地表达小小的感谢。

即便在远程工作时，你也可以通过聊天或短信息与成员轻松交流，比如"今天怎么样"或者"你帮我做的那份文件得到客户的好评，谢谢你"等，这种方式非常有益。

降低门槛，鼓励咨询

组织中常见的"我们必须做出完美的产品"或"我们必须做到无可挑剔"的想法说明了很多问题。在这样的氛围中，找人商量既费时间，也无法得到及时有效反馈的想法就流行起来，在这种情况下，即便你说"可以随时找我咨询"，也很少有人会这么做。

出现这样的情况，可以参考卡乐比（Calbee）公司的常务执行总裁武田雅子给出动机的方法。在给成员分配任务时，她会说："你不必把菜做成咖喱才端出来，只要把胡萝卜和土豆拿给我看就行！"

"还只是胡萝卜和土豆就行"，团队成员可以抱着这样的想法展开工作。领导者可以先进行审查，看看跟大的方针有没有出入。如果此时领导者指出一些错别字或漏字等细小的错误，就违背了"还只是胡萝卜和土豆就行"的承诺，就会失去成员的信任。因此，此时应重点关注的是大方向的把控，这一点非常重要。

刚才的例子是"一对一谈话"的情形。还有一种方法，可以在团队中有组织地降低门槛，进行大方向的把控。

"30%审查会议"的创意就是源于参加心理安全认证管理课程学员的具体实践。

这个会议一般每周定期举行一次，有时也会酌情安排。既然会议的名称是30%审查会议，那么就说明参会者可以自由地、毫无顾忌地说出自己的想法。

一旦鼓励成员以这种方式行动起来，我们最后收获的就是反馈。

首先表达感谢之情，希望项目继续推进，然后再表明希望对方多加考虑的要点及需要改变的地方，这种正强化的回应有利于后面第二次或第三次的方针审查。

提高成长的能力

你是不是这样的，一旦被任命为领导者，如店长、科长或部长等，你就觉得你必须无所不知无所不能？

当你穿上"我必须什么都会做"的盔甲时，组织和团队的心理安全感就会降低。

这是因为你会对周围的人和成员做出反应，以保护你在心理上灵活对待不灵活的"故事主角的我"。

在本书第 2 章中我们讲过利用行为矩阵发展个人心理灵活性的方法，在这里我要告诉你几种在处理人际关系方面更直接的方法。

找人帮忙

你只能做你能做的事。如果你在自己的角色、责任领域和优势方面大放异彩，并正确地转移你的弱点，你将为团队做出最大的贡献。

不要背负太多包袱，请人指导、协助，与团队成员一起商量，反而能使团队成员更容易展开交谈，促进彼此学习。

许多人会在被别人依靠的时候感到很高兴。

放弃你必须独立完成工作的无益想法，朝着构建成员互帮互助的团队氛围努力。

自我披露

自我披露是指坦率地谈论自己过去的失败。建议与"正是从这些失败中吸取了教训才有了今天的我"这种情景联系起来，而不是仅仅谈论你的失败经历。自我披露能够让你卸下没用的盔甲，并表达出可以从失败中学习的想法，有利于促进敢于挑战要素。

比对方少穿一层盔甲

当我们站在一个内心穿着厚厚的盔甲、正在努力保护自己的地位和尊严的人面前时，我们也会自然而然地穿上盔甲来保护自己。而且，我们还试图通过比对方多穿一层盔甲来保护自己。这是人类的本能，所以我们不会让你脱下所有的盔甲。

我们应该比别人少穿一层盔甲。也就是说，试着比对方更开放一点。可以试着想一下"这个人为什么要穿盔甲？"看一下让对方穿上盔甲的动机或过去的反馈。

我们把这种公开寻求帮助的能力、披露不完美的自己的能力，称为动漫《哆啦A梦》中的"成长的力量"。

这种在正确的时间灵活地依靠正确的人的能力，实际上是领导者和管理者应该磨炼出来的技能。

一对一谈话

一对一谈话指的是管理者和下属之间展开一对一的对话。很多书中都有关于一对一谈话的技巧介绍，但在这里，我们建议你采取以下的方式。

在一对一谈话中，你要问团队成员的问题有如下3个：

◇ 好消息有哪些？
◇ 坏消息有哪些？

◇ 此刻有没有让你担心或不满意的事？

当他们告诉你第二条的坏消息或倾诉第三条的焦虑或不满时，你如何回应至关重要。

如果团队成员因为告诉你坏消息或分享他们的焦虑或不满而受到了你的责骂或质疑，那他们就不会再告诉你坏消息（因为反馈是负强化）。如果有人报告了不好的消息，但你又不能迅速解决，你应该怎么做？此时就要与对方进行眼神交流。更确切地说，就是要跟对方一起烦恼。

作为领导者，不要责骂、质问或逃避，可以说："这可麻烦了，应该怎么做呢？要不一起去道歉？"通过这种方式与团队成员一起烦恼。

站在普通员工的立场打造心理灵活的领导者

在讲座和培训课程中，我经常被问到这种问题："我现在是一个普通员工，那我怎样才能改变组织呢？""我现在是部长，但如果不改变董事会成员，就改变不了组织。"企业职员的大多数问题是如何改变比自己地位高的管理层，而不是改变自己。

与处理上级对下级或同级之间的关系相比，处理下级对上级、员工对领导的关系确实更具挑战性。

虽然我们没有解决这个问题的灵丹妙药或撒手锏，但可以好好应用第 3 章所讲的行为分析。

认真应用行为分析

第 1 步：锁定并识别出问题行为。

你认为你上司的哪些行为是有问题的？识别出目标问题行为。

第 2 步：明确希望对方做的期望行为。

你想把问题行为改成什么行为？明确希望你的上司采取的具体期望行为。

第 3 步：分析动机和反馈。

哪些动机和反馈在维持或加强这一问题行为？你的哪些行为成了其动机和反馈？

第 4 步：考虑应对措施。

面对领导的反应，你能立即做出对上司期望行为的反馈吗？或者，你能否消除自己一直维持着上司问题行为的反馈？

举一个我们课程学员的具体事例。

在一次会议上，他的上司（很罕见地）鼓励他发表意见，会后他去找上司表达了感谢："×× 先生，刚才您鼓励我发表意见，对我真的很有帮助。非常感谢。"他养成了坚持表达感激之情的习惯。渐渐地，上司鼓励大家发表意见的行为增加了，会议上大家的发言也变得活跃。

这是一个"有理由的感谢"的案例，是对期望行为的反馈。

真诚表达心理安全的重要性

此外，还可以直接向你的上司说明心理安全的重要性。我有一个客户就是学习过课程后直接向上司表达了心理安全的重要性，上司将心理安全的内容纳入集团总裁的新年演讲中，然后将其渗透到各项工作一线。

在某些情况下，特别是在金融企业的高级管理层中 [4]，这种输入不断累积，之后当他们通过管理人员之间的横向联系听到"心理安全似乎很重要"这一信息时，他们对此问题的理解可能会快速提高（他们可能会成为拥护者，仿佛已经忘记了"吃苦、努力"那一套过去的思想）。

下一节，我们将展开难度更高的关于关系和文化层面的分析。

在关系和文化层面构建心理安全

通过发表宣言和改善环境创造关注心理安全的动机

当你想正面为团队引入心理安全时，发表宣言和改善环境可以将所有团队成员的意识转移到心理安全的构建上。

在会议上发表心理安全宣言

卡乐比公司的武田雅子女士在每次会议开始时都会这样说："这是一个安全的地方。在这里任何人都可以发表任何意见或想法。如果有失败案例或反馈工作问题的汇报，这里不会有责骂，而会积极讨论如何解决问题。我来确保这个地方的安全。"

在会议开始时的宣言持续作用一段时间后，如果有破坏心理安全的发言，参与的成员会提醒说："这是一个心理安全的地方……"甚至在武田女士不参与的会议上，主持人也会在会议开始时说："这个会议也是一个心理安全的地方，请允许我来主持会议。"这样，心理安全逐渐渗透到组织和团队的日常工作中。

除了这种口头声明，也可以用议程格式等来记录心理安全四要素。

改善环境

为了配合上述做法，有些团队在会议室里贴出了心理安全四要素的海报，并在会议期间站到海报下讨论心理安全问题。

你可以把四要素改写成更具体的语言，比如可以在张贴的海报上写上"自由发表意见（畅所欲言要素）""自由提出问题（互相帮助要素）""承认失败和错误（敢于挑战要素）""发挥自己的特长（开放包容要素）"。

创建或改变报告格式

像工作日报或工作报告这种常规工作，组织或团队的成员都会看也会写，我们可以巧妙设计这种报告的格式和形式，加速心理安全在组织或团队中的渗透，特别是在畅所欲言要素和互相帮助要素方面。

举例说明，这是一个心理安全认证管理课程毕业生的实际例子，他用 Excel 创建了一个工作日报的模板，其中有一项叫作"今日心情"。该项可以从下拉列表中选择一个表情符号，如图 5-2 所示。

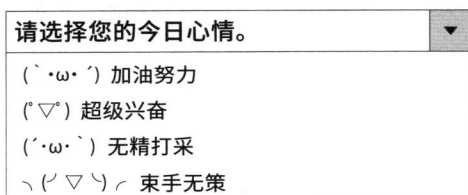

```
┌────────────────────────────────────┬───┐
│ 请选择您的今日心情。                    │ ▼ │
├────────────────────────────────────┴───┤
│ (｀・ω・´) 加油努力                        │
│ (°▽°) 超级兴奋                           │
│ (´・ω・｀) 无精打采                        │
│ ＼(ﾟ▽ﾟ)／ 束手无策                        │
└─────────────────────────────────────────┘
```

图 5-2　今日心情

当然，工作日报没有必要非得使用表情符号，但重点是通过减轻提醒的动机实现以下两点，一是它包含在成员需要每日填写的日报中（没有必要专门去提醒），二是它没有那么正式，大家可以随意选择。

重要的是要把"今日心情"纳入成员需要定期提交的常规工作报告中，与单独开设一个专用的渠道并鼓励人们"随时通过这个渠道进行反馈"相比，其采取行动的难度是大大降低的。

打造新项目

无论是源自你自己想法的项目还是别人安排给你的项目，开始一个新的项目，都是和他人建立新关系和建立企业新文化的机会。

开展一项新的业务、为公司引进一个新的系统、开展一次新的培训或调查，当然还有组织开发、审查规章制度，或组织一次公司旅行，这些都可以被视为"项目"。

我想强调的不是项目本身的重要程度和规模，而是在这些项目的早期阶段做好心理灵活性 2-1 "明确什么是重要的事"的重要性。否则，该项目将很快退化为例行公事。

美国作家汤姆·彼得斯（Tom Peters）[5]与麦肯锡公司的同事们一起提出了"麦肯锡 7S"法则，他说一个项目要"有始有终，认真兑现对客户的承诺"，而且要打造一个"很伟大、很完美、有革命性的、有影响力的、死忠粉不断"的项目。

我想说的不外乎以下两点：

❖ 如果你不去尝试，你就不知道你是否能做到。
❖ 如果你不想做伟大的事情，你就不可能做成伟大的事情。

正因为它是一个很了不起的项目，即一个重视重要事项且有意义的项目，团队才会从不同的角度讨论实现目标的可能性，从而增加畅所欲言的机会，鼓励员工敢于挑战。

要做好一份明确重要事项的项目指南，你最好与成员一起考虑以下两个问题：

❖ 这个项目给谁带来了什么？
❖ 这有什么意义？

当你接手一个项目，特别是像"引进一个新系统"或"开展一次培训"这类工作任务很明确的项目，你重新询问"给谁带来什么"非常重要。而且，如果可能的话，真心实意地问一下你的服务对象或客户，这也非常重要。

同一个项目，是把目标定为"引进一个新系统"，还是定为"通过系统支持组织的销售人员，在他们需要的时候快速提供所需的信息"，项目的意义会有所不同。

同样，项目的目标是"开展培训"，还是"开展培训，增加团队中懂得心理安全这个关键词的人数，创造一个团队成员能够展示自己能力的良好工作环境"，项目的意义也是不同的。

走出日常工作的圈子

时任 ABC Cooking Studio 全球总监的千先拓志先生曾告诉我，外资公司很喜欢在他们新加坡店做培训。

他说，培训时大家作为一个团队一起做饭，打破了固化的职级和等级制度，可以以全新的视角重新审视团队。

例如，大家觉得还不能胜任工作的新手却很擅长做饭，新成员"手很灵巧"这新的一面被大家看到，这在工作角色中是不被看到的。也就是说，很多人固化的"主角视角（他人 = 概念）"在这个培训过程中得以解除。

这里的关键是要创造与日常工作场合不同的情境，因此，除了烹饪之外，还可以考虑在与平时不同的地点举办研讨会、观看同一部电影并分享感想、展开对话型艺术欣赏会等。

大家一起讨论畅所欲言要素

与所有团队成员一起反思"在我们的团队中，真正抑制或促进心理安全四要素的是什么"，这是减少出现不期望行为、增加出现期望行为的有效方法。

下面我们介绍一个利用行为分析框架找出是什么在促进或阻碍心理安全的研讨会的例子。

按照图 5-3 所示，准备一个写有"动机→行为→反馈"的空白卡片，分为上下两部分，上半部分为加强或促进它们的动机和反馈，下半部分为削弱或减少它们的动机和反馈。

首先简要地告诉团队成员，你想建立一个心理安全的团队，行为受动机和反馈的控制，然后和所有成员一起讨论个人的实际

动机	行为	反馈
易于表达的动机 好像有空	交谈、报告、发表意见的行为增加时 ⬆	让人更愿表达的愉快的反馈 谢谢你的意见 对方一边点头一边听我说话
难以表达的动机 看起来很忙	交谈、报告、发表意见的行为减少时 ⬇	让人不想说话的不愉快的反馈 无人理睬

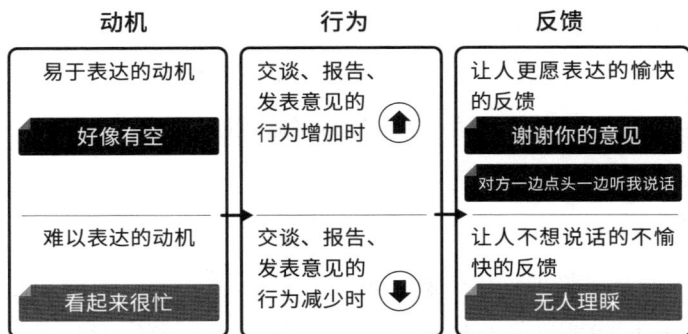

图 5-3　团队版行为分析研讨会

感受，比如"在这种时候很难表达意见"或"如果你这样鼓励我，我就更容易说出来"等。再把大家的感受写在便条上贴起来。

　　这里重要的一点是，要收集这个团队中一些成员的独特见解，每个人都要参与讨论是什么在促进或减少团队的行为。

　　这不是为了质疑某个人，不要说"你认为这些让你不开心，那是你太幼稚了！"这样的话。

　　重要的是你要直观地看到每个人在表达自己的意见时实际表现出来的易于表达或难以表达的那些真实时刻。

　　大家发表了一些想法后，就一起共同讨论如何增加上半部分的动机和反馈，以及如何减少下半部分的动机和反馈。

　　在研讨会结束时，领导者做出承诺也是很有用的。"我们要增加上面的内容，减少下面的内容。首先我自己会多加注意。如果我有什么不好的行为，请大家一定要指出来。"

找出有价值的行为

下面我们讲一下如何找到第 3 章中介绍的有价值的行为。首先，应注意以下 3 点。

第一点，有价值的行为是行为分析中的行为。

尽量不要选择不是行为的内容，如被动、否认或结果。此外，玩喜欢的游戏、听音乐、吃美味的食物等都是期待反馈的行为。因此，这些行为基本上应该被排除在外（有价值的行为可能与游戏类型等有关）。

第二点，做出选择，而不是做出判断。

区分"判断"和"选择"这两个概念很重要。

判断是根据标准比较选项，并选择最好或最适合的选项。它是可以附加理由和被论证的东西。所谓的"经营决策"就属于这一类。

选择就"只是选择"[6]，不需要任何理由或辩解。生活中总有各种情况发生，尤其是我们在面对重要的事情时，选择比判断更好。

例如，如果你是在评判你的生活伴侣，那么每当有更好的选择出现，你就会考虑更换伴侣，但实际情况不应该是这样的。而有价值的行为也只是选择的结果。

第三点，你已经生活在有价值的行为中。

有价值的行为不需要冥思苦想"我要这样做"。相反，重要的是要想一想，在当下，你在做什么事情时能从行为本身感受到反馈。

在没有人强迫你的情况下，你自发做的行为更有可能是有价值的行为。你已经选择了你喜欢的东西。

识别有价值的行为的 5 个问题

这里有一些问题可以帮助你反思自己的日常行为和选择，找到有价值的行为。

请花几秒钟做出选择，不是判断。对于某些问题，你可以回答"无"。

Q1 与普通物品相比你是否更喜欢奢侈品，你拥有很多的物品是什么？

举例：许多人认为，100 日元的钢笔或 2000 日元的四色圆珠笔就足以作为我们的日常书写工具。如果你有好几支昂贵的钢笔，就请在这里写上"钢笔"。

Q2 在你所从事的领域，什么样的工作你可以说"交给我吧"？

举例："我希望做到完美"或"我会负起责任完成"的工作。在这些领域，当你看到质量不高的工作时，甚至可能有点恼火。

Q3 与从事同一职业的人或你周围的人相比，你认为你做得比较多的工作是什么？

工作量明显不同的工作，例如"我每周制作数百张幻灯片"。

Q4 有什么工作上的角色是你主动承担的？具体你是怎么做的？

请说一下你主动承担的工作或总是让你做的工作，以及你具体的做法。

Q5 如果你已经有了金钱和地位，你仍想继续做哪些没有反馈的行为？

请在看 Q1-5 时选择一个动词或动名词。可以参考以下动词表。

我的有价值的行为是＿＿＿＿＿＿＿＿＿＿＿＿＿。

发言、提问、攻击、烹饪、游泳、跑步、击球、驾驶、战斗、竞争、计划、安排、选择、准备、练习、唱歌、投掷、猜测、预测、建模、解释、拍摄、写作、聆听、辅导、教练、教学、咨询、调查、分析、绘图、喝酒、玩游戏、建立、构思、命名、设计、组织、观看、欣赏、打磨、记录、想象、筹备、治疗、协调、发出指令、培育、汇总、整理、介绍、引导、带领、开始、破坏、隐藏、赠送、传播、射击、打赌、旅行、攀登、翻译、用语言表达、验证、纠正、确认

　　在你不确定选哪个时，可以强迫自己选个动词试一下，这一点很重要。选了动词后，你就可以真正采取行动，然后就可以验证即使没有反馈，自己是否想继续做下去。

　　另一个重要的验证是"对象的范围"。

　　例如，生活、体验和学习作为动词其含义过于宽泛。人生都是关于生活或体验的。动词"学习"其实并不意味着我们什么都去学，而是对学习的内容有所偏向。

　　你可以从这种偏向中得到提示，并尝试更加具体地细分你有价值的行为。

寻找成员有价值的行为

　　在寻找成员有价值的行为时，可以尝试在一个心理安全的环境中（即不受惩罚、焦虑或负面反馈的控制）派给对方一些任务，其顺理成章完成的工作领域可被视为接近有价值的行为的领域，倾向于拖延的工作领域则被视为远离有价值的行为的领域。

　　在决定团队中的角色分配时，关键的一点也是"没有正确答案的时代"。这种时候，理想的做法是分配工作并验证负责成员是否适合，如果不适合就及时地收回工作，最好让这种做法成为常态。

将阻碍心理安全的制度改为培育心理安全的制度

最后，是对制度的研究。尽管能够研究一个组织的制度和规则的读者数量可能极其有限，但我们仍然希望提供给大家一些有用的指导。这些原则如下所示。

第一，从第 3 章行为分析的角度来看，团队应该废除"不做就惩罚"的制度，代之以"做了就表扬"的制度。

第二，设计一个系统，让人们愿意持续做期望的事情，而不是禁止做不期望的事情。

第三，重要的是要创造一种环境，在这种环境下，认可行为和同感行为相结合，规则或制度的意义和意图被传达出来，让人感到遵循规则或制度是有意义的。

这份使用指南到这里就结束了。请将这里提及或者未提及的创意付诸实践吧！你能分享的东西越多，心理安全的职场和团队就会越多。

案例分析：成为学习型团队

这是一名学员的真实案例，在不影响阅读的前提下，我将他的工作内容、服务名称等进行了模糊处理。

在这个案例中，这名学员在学习了 3 个月的心理安全知识后对团队进行了改革，此后也在稳步增加改革内容。

学员 S 先生是一家大公司子公司的呼叫中心的高级经理。
他的团队中有 4 名受他直管的经理。其中一名经理负责一个服
务团队，该服务团队有 15 名员工，其中 3 名主管、4 名行政人
员和 8 名电话接待人员。该团队被委托负责运营大客户服务支
持中心。

这项工作面向普通消费者，为购买电视、冰箱和吸尘器等
家用电器的消费者提供售后服务，团队每月会预留资金以备客
户的家用电器发生故障时维修使用。

当然，该项服务有各种使用规定，如客户故意损坏电器则
不在保修范围内，但消费者往往会说"我是你们的客户，所以
理所应当得到维修或更换新产品的服务"或"为什么不能给我
解决问题"，很多电话接待人员的工作都是从接收负面情绪开
始的。

S 先生在该团队接受这一委托 3 年后就任，几个月后他就
接触到了心理安全。

引入心理安全前的问题

S 先生首先通过与员工谈话发现了以下问题：

❖ 电话接待人员和行政人员都在畅所欲言要素和敢于挑战要
   素方面存在问题。

❖ 跟客户公司沟通和汇报的水平因 3 名主管不同的个性而参差不齐。
❖ 团队和主管经常加班，工作量不均衡。

针对这些情况，S 先生和团队经理一起开始推进改革，着力打造主管和员工、S 先生和主管、3 名主管之间的心理安全。

打印"没关系"标语，从完善团队环境开始改变

为了向全员宣传心理安全，S 先生采用了张贴海报的方式（这个措施在创意集"完善环境"中也提到过）。S 先生把写有以下信息的大尺寸海报贴到了办公楼层的墙上进行展示。

❖ 可以自由发表意见（畅所欲言要素）。
❖ 可以自由提出问题（互相帮助要素）。
❖ 可以承认失败和错误（敢于挑战要素）。
❖ 可以发挥自己的特长（开放包容要素）。

除了张贴海报之外，在每天的早会上他还不断重复以下话语："我们的团队非常重视心理安全。让我们的团队成为一个可以吸取好的意见、坦率地夸奖对方、互相认可对方的团队。所以犯错或寻求帮助都没有关系。"

渐渐地，"没关系"成为团队的共同语言。为了进一步促进团队的学习，创造一个可以表达意见的场所，S 先生修改了汇报的格式。

提高主管的心理灵活性

原来的汇报格式模板是"是否对免责声明进行了说明"，问的是实施与否，现在改为"在对免责声明进行说明后，是否收到了客户的答复"。

这增加了电话接待人员接触到行为分析中的反馈，即客户反应的概率，并帮助他们将自己的行为提升为认可行为。此外，汇报格式模板中还设置了"顾客评价"栏和"你觉得应该再多跟客户沟通的内容"栏。通过这些方式，团队就可以把事实和意见分开，利用这种汇报模板创造一个可以自由表达自己意见的地方。

然而，仅仅改变汇报格式模板并不能彻底改变员工的行为，必须让他们感受到主管们是真心希望他们自由发表意见。主管们的"真心希望"其实只能通过行为来体现。所以，改变主管的评论和反馈的行为至关重要。

为了表明他们是真的看到了电话接待人员的意见，主管们的做法是必须对电话接待人员的报告给出评论。除此之外，他们也决定改变"总是对意见持否定态度"的行为模式。

有的主管很容易根据意见的正确性做出反应，认为"根据现行的规定很难这样做"。我们希望主管们能够考虑这些意见如何对业务工作有帮助，以此来培养他们的心理灵活性。为了弄清楚电话接待人员为什么会提出这种意见，我们引入了一种行为模式，试图考虑电话接待人员的想法和他们工作的背景因素。

S先生的做法非常灵活，他没有简单地告诉主管们如何做，而是从改变他和主管们之间的关系开始，着力构筑彼此之间心理灵活的关系。

高层管理者S先生本人也做出了承诺和声明，他将确保与主管们之间的心理安全，并自我披露说："我自己也会犯错，承认错误也没关系。""我也很容易按照自己的经验法则去做事，而不顾成员们的意见，我相信主管们会改变这种情况。""即便有人一直跟你说心理安全的重要性，但如果你觉得自己很忙，那么就照实告诉对方。我认为，每个人有不同的感受是非常正常的，这也是我想知道的。"

意见被接受而不是被否定的经历，也让主管们在实践中学会了接受电话接待人员的意见，这样在客户服务第一线的电话接待人员的意见就得到了领导层的重视。

S先生和主管们之间的心理安全得到了保证，而这种氛围也在主管和员工之间传递了下去。

从认可行为到同感行为

我们不仅能在组织内部表达自己的意见，更能很好地处理客户的来电。

完善工作手册这一规则支配行为很容易导致团队奉命行为加重，它会让成员注重自己在平时工作中是否按照手册的要求去做，而忽视了客户的立场和感受。我们希望团队成员能将奉命行为转变为认可行为，电话接待员能根据客户的声调、语气和所说的内容做出灵活的反应。

为了让员工从服务提供者的立场转变为客户的立场，S 先生决定让他们想象一下如果电器一直处于故障状态，客户（消费者）会多么不方便。也就是让他们想象一下，如果自己的电饭煲或冰箱在一周时间内都用不了，他们会有什么感受。

通过这种方式，让员工明白自己的干预价值，也有利于明确团队重视的事情。

❖ 对于客户（消费者），要准确了解情况，倾听他们的忧虑，并提出令人信服的建议。

❖ 对于客户企业，要以品牌大使的形象向企业传达产品对消费者的吸引力，并提供消费者对产品真实意见的反馈。

自从实践这些做法以来，团队来电接待的质量得到了改善。

从措施实施后的第一个月开始，客户咨询室收到的来电投诉数量就下降到了零，在半年后，也一直保持在零的水平。

主管之间的相互合作

其余需要解决的问题是需要建立3名性格截然不同的主管之间的心理安全。

A主管负责业务，B主管负责沟通协调，C主管是专家。

C主管人很聪明，但不善于沟通。他的问题是一心扑在业务上，在下属需要帮助时他注意不到，在他自己需要帮助时也不会跟别人说，而是自己想办法学习并尝试解决问题。

S先生希望C主管，这位被其他人认为难以接近的专家成为"主管团队"心理安全的突破口。

因此，S先生让所有主管实践"回忆并表达感激之情"的做法。

C主管似乎想不出有什么可感谢的，起初进展得很不顺利。当把范围从工作扩大到私人生活时，他说："我当年向太太求婚，当对方父母说'好'时，我松了一口气。我很感激有这么多人来参加我的婚礼。"

于是S先生决定应用"想一想某样东西来到你身边时的相关关系"。

首先S先生让C主管思考一下参与某项工作的人，包括客户（消费者）、客户公司、员工和制造作为他们服务对象的产品的制造商。

S先生还提到，正因为有这么多人参与，他们必须作为一个团队互相交换意见、产生良性冲突，并相互帮助。

基于"团队中的一员"这一认识，S先生试图将C主管的才能与团队联系起来，以便C主管能够朝着重要的事努力，而不是疲于应对焦虑。

停止处理坏情绪，让才能与团队绩效联系起来

C主管有一个习惯，当团队成员或其他主管向他请教事情时，他觉得人都应该"自己好好学习"。另外，他自己也不善于向别人寻求帮助和指导。要求他人必须这样做也束缚了他自己。

S先生解释说："作为团队的一员，当然要有一些最基本的工作技能，但不用每个人都像C主管那样专业，重要的是，只要超过了一定标准，就可以发挥各自的优势，用自己的优势帮助他人。"他直接指出了C主管"避免不良情绪"的倾向。

他接着问："海报上贴的'没关系'中，哪个最让你害怕？"C主管说他害怕说错话，害怕问问题或说自己不知道。于是，S先生这样回答他："做错了也没关系。每个人都会犯错，犯错之后，只要改正就行。对于自己不知道的东西你可以说'我也是第一次听说，我先去查一下'。如果有些东西你第一次听说就很懂，那才真令人匪夷所思呢。"

　　C 主管说自己擅长对自己知道正确答案的事情发表意见，这会很轻松，而 S 先生则说："如果你不仅是说出结论，而且把理论依据都表达出来，那大家就会理解你。你很聪明，所以能马上说出结论，但大家不知道你为什么这么想，所以你直接说出结论的行为其实是一种沟通浪费，如果你用理由 + 结论来表达你的想法，用理由 + 感谢来表达你的感激，就能更好地与人沟通。我认为 C 先生在这方面会相当出色。"

　　通过这种方式，S 先生不断鼓励主管们，如让主管们自己思考，让他们通过一件小事亲身体验，并通过语言动机来传达期望和鼓励行动。当然，当他们真正采取了期望行动时，他也不会忘记给予反馈，即以"理由 + 感谢"的方式表达感谢之情。

　　于是，主管们开始相互合作，发挥各自的优势，不擅长的工作会相互帮助，这使得主管们的加班时间减少大约 25%。整个团队的加班时间也由每月 140 小时减少到 33 小时。

关注心理安全的效果

　　最后，我们向 S 先生询问了他通过这项改革实现的关注心理安全的效果，以及引入这项改革的关键点。

　　S 先生认为，自己最开始的感觉是，与通过焦虑或惩罚让大家听话或让他们去做事相比，关注心理安全让团队成长得更快，能够以一种能感知到的速度来推进各种措施。

员工之间、主管之间、主管与经理之间可以很自然地进行沟通，提出改进建议，相互之间可以很随意地打招呼，比如："你现在在做什么呢？""有什么需要帮忙的吗？""你能帮个忙吗？"感觉整个团队都在向前迈进。

他还说导入心理安全的要点不是从上往下强压，而是要朝着心理安全的目标——学习型团队努力。

S 先生总结说，每一个员工和主管都进行尝试和学习，团队鼓励他们在行动中学习，重视工作规范和培训的落实，此外，主管的直接上司也要成为 S 先生的支持者，要在日常工作中发挥心理灵活性，并毫不动摇地坚持下去，这是引入心理安全的关键。

总结

S 先生的团队不再被客户公司视为单纯的"分包商"，而是一个不可或缺的合作伙伴，该团队可以在一线帮助客户公司监督其产品的使用情况。

呼叫中心的工作通常是有操作指南的，一般很容易被认为是有正确答案的工作。也就是说，在"过去的工作"和"未来的工作"的分类中，它可能是倾向于被认为更接近过去的工作之一。

然而，S 先生本人通过发挥心理灵活的领导力，设计与心理安全四要素相关的行为，给团队带来心理安全，改变了团队的加班文化和不良沟通的氛围，甚至能够在短短 3 个月内改变与客户公司的关系这一结构和环境，让人看到了团队进步很大的希望。

有了这本书，就轮到你去灵活地探索，把心理安全带到自己的组织和团队中了。

结　语

谢谢你读完本书。

我希望这本书能成为帮助你和你周围的人在职场中大显身手的指南。

在团队工作方面，我犯过很多错误。例如，在绩效和业绩很好时，我能够大声说出来，但在不断失败或事情进展不顺利时，我却难以启齿。在担任高管或经理时，为了掩饰我的弱点，我甚至会假装我能做任何事情，因为我认为我不应该寻求帮助，我必须自己一个人解决问题。我曾经的管理方式与我在本书中所写的背道而驰。在成员的行为没有改变时，我不止一次感到愤怒，为什么说了那么多遍他们也不改！

然而，这些不如意的现实都给了我改变行为的机会。我为这些不如意的事情而心烦意乱，我咨询导师、上司、客户、团队成员，查阅书籍和文章，改变自己的做事方式，挣扎着努力推动项目前进。

　　幸运的是，我找到了两个机会，一个是作为项目经理的商业实践，另一个是作为心理学和行为科学的研究者获取并探索关于人和组织的知识。

　　这样一来，我与团队成员合作，用正强化、重要的事和有价值的行为来推动工作前进，而不是用焦虑、惩罚和职权来让人行动，这让我感觉特别轻松。我现在可以专注于自己的"说明、创造过程和分析"等有价值的行为，没有不必要的疲惫情绪，也不会争强好胜，我可以在我的位置上发光发热，正因为有些事情我自己做不了，所以才能怀着谢意请求别人帮助。

　　本书是为了组织和团队构建内部的心理安全而写。因此，这是一本关于培养心理灵活的领导力的书。我相信，如果每一位读者都能发挥心理灵活的领导力，将一个个团队转变为心理安全的团队，那么目前沉睡在组织和团队中的各种人才的才能就会被充分激发出来，人们就能做出成果，拥有成就感。

　　在本书的最后，我希望每一个公司和组织都能向心理安全转变，希望更多的成年人能通过有意义的工作发光发热，希望本书能为实现这样一个幸福的社会助一臂之力。

石井辽介

2020 年 8 月

注　释

序　言

1　了解"什么是有效率的团队"——Google re: Work。

2　Amy C. Edmondson, Zhike Lei, "Psychological Safety: The History, Renaissance, and Future of an Interpersonal Construct," *Annual Review of Organizational Psychology and Organizational Behavior*1, 1(2014):23-43.

3　Anita L. Tucker, Ingrid M. Nembhard and Amy C. Edmondson, "Implementing New Practices: An Empirical Study of Organizational Learning in Hospital Intensive Care Units," *Management science* 53, 6(2007):894-907.

4　Volatility（变动性）、Uncertainty（不确定性）、Complexity（复杂性）、Ambiguity（模糊性）的首字母缩写。

5　引自 Wikipedia "大众 1 型" "福特 T 型"。

6　Amy C. Edmondson, *Teaming: How Organizations Learn, Innovate and Compete in the Knowledge Economy* (New York: Jossey-Bass, 2012).

第 01 章

1　Amy C. Edmondson, "Psychological Safety and Learning Behavior in Work Teams," *Administrative Science Quarterly* 44, 2(1999):350-383.

"团队成员之间持有共同的信念，即便在团队中承担人际关系风险也是安全的。"

2　团队的心理安全是由埃德蒙森教授提出的，组织的心理安全这一概念是埃德加·夏恩、沃伦·本尼斯于 1965 年提出的。
Edgar H. Schein, Warren G. Bennis, *Personal and Organizational Change through Group Methods: The Laboratory Approach* (New York: Wiley,1965).

3　Amy C. Edmondson, *Teaming: How Organizations Learn, Innovate and Compete in the Knowledge Economy* (New York: Jossey-Bass, 2012).

4　Paul Osterman, "How Common is Workplace Transformation and Who Adopts it?" *ILR Review* 47, 2(1994):173-188.

5　Amy C. Edmondson, *Teaming: How Organizations Learn, Innovate and Compete in the Knowledge Economy* (New York: Jossey-Bass, 2012).

6　引自 Mindset 公司 CEO 李英俊（Lee Youngjun）。

7　艾米·埃德蒙森：《怎样才能让团队发挥作用：提高"学习力"和"执行力"的实践方法》，野津智子译，英治出版社，2014。部分内容在引用时有调整。

8　Carsten K. W. De Dreu, Laurie R. Weingart, "Task Versus Relationship Conflict, Team Performance, and Team Member Satisfaction: A Meta-Analysis," *Journal of Applied Psychology* 88, 4(2003):741.

9　Frank de Wit, Lindred L. Greer and Karen Jehn, "The Paradox of Intragroup Conflict: A Meta-Analysis," *Journal of Applied Psychology* 97, 2(2012):360-390.

10　Bret H. Bradley, Bennett E. Postlethwaite, Anthony C. Klotz, Maria R. Hamdani, Kenneth G. Brown, "Reaping the Benefits of Task Conflict in Teams: The Critical Role of Team Psychological Safety Climate," *Journal of Applied Psychology* 97, 1(2012):151.

11　Amy C. Edmondson, "Psychological Safety and Learning Behavior in Work Teams," *Administrative Science Quarterly* 44, 2(1999):350-383.

12　了解"什么是有效率的团队"——Google re: Work。

13　Amy C. Edmondson, Zhike Lei, "Psychological Safety: The History, Renaissance, and Future of an Interpersonal Construct," *Annual Review of Organizational Psychology and Organizational Behavior* 1, 1(2014):23-43.

14　Abraham Carmeli, Jody H. Gittell, "High-quality Relationships, Psychological Safety, and Learning from Failures in Work Organizations," *Journal of Organizational Behavior* 30, 6(2009):709-729.

15　Amy C. Edmondson, Zhike Lei, "Psychological Safety: The History, Renaissance, and Future of an Interpersonal Construct," *Annual Review of Organizational Psychology and Organizational Behavior* 1, 1(2014):23-43.

16　Amy C. Edmondson, Zhike Lei, "Psychological Safety: The History, Renaissance, and Future of an Interpersonal Construct," *Annual Review of Organizational Psychology and Organizational Behavior* 1, 1(2014):23-43.

17　Amy C. Edmondson, Zhike Lei, "Psychological Safety: The History, Renaissance, and Future of an Interpersonal Construct," *Annual Review of Organizational Psychology and Organizational Behavior* 1, 1(2014):23-43.

18　Michael L. Frazier, Stav Fainshmidt, Ryan L. Klinger, Amir Pezeshkan and Veselina Vracheva, "Psychological Safety: A Meta-Analytic Review and Extension," *Personnel Psychology* 70, 1(2017):113-165.

19　John Schaubroeck, Simon S. K. Lam and Ann Chunyan Peng, "Cognition-Based and Affect-Based Trust as Mediators of Leader Behavior Influences on Team Performance," *Journal of Applied Psychology* 96, 4(2011):863-871.

20　自我报告式、主观式问卷调查（PRO）的医疗领域国际标准。网址见：https://www.cosmin.nl/。

21　Amy C. Edmondson, "Psychological Safety and Learning Behavior in Work Teams," *Administrative Science Quarterly* 44, 2(1999):350-383. 以下关于埃德蒙森版本的说明都出自该书。

22　在测试中，由于任务或问题难度过低导致结果得分普遍较高且没有差异的现象被称为"天花板效应"。

23　根据 2020 年 6 月外务省国际合作局全球问题合作司《为实现可持续发展目标（SDGs）日本发挥的作用》制作。

24 Joan C. Williams, Rachel Dempsey, *What Works for Women at Work: Four Patterns Working Women Need to Know* (New York: NYU Press, 2020).

第 02 章

1 单词后缀"-ship"的解释见《牛津高阶美式英语词典》(*Oxford Advanced American Dictionary*)：(1)表示状态或性质，如 ownership（所有权）、friendship（友谊）；(2)表示地位或职位，如 citizenship（公民资格）；(3)表示技能或能力，如 musicianship（音乐才能）；(4)表示集体，如 membership（全体成员）。

2 Bernard M. Bass, Ruth Bass, *The Bass Handbook of Leadership: Theory, Research, and Managerial Applications* (New York: Free Press, 2009).

3 入山章荣：《世界标准的经营理论》，钻石社，2019。

4 John Schaubroeck, Simon S. K. Lam and Ann Chunyan Peng, "Cognition-Based and Affect-Based Trust as Mediators of Leader Behavior Influences on Team Performance," *Journal of Applied Psychology* 96, 4(2011):863-871.

5 罗伯特·凯根、丽莎·拉斯考·莱希：《为什么能互相示弱的组织更强大——打造所有人都致力于自我变革的"发展导向型组织"》，池村千秋译，英治出版社，2017。

6 入山章荣：《世界标准的经营理论》，钻石社，2019。

7 肯尼斯 J. 格根、玛丽·格根：《现实总是源于对话：社会构成主义入门》，二宫美树译，发现者出版社，2018。

8 Acceptance and Commitment Therapy 或 Training 的略称。
心理灵活性（ACT）相关内容广泛参考了以下文献：
Jason B. Luoma, Steven C. Hayes, Robyn D. Walser, *Learning ACT: An Acceptance and Commitment Therapy Skills-Training Manual for Therapists* (Oakland: Context Press, 2007).
Steven C. Hayes, Kirk D. Strosahl, Kelly G. Wilson, *Acceptance and Commitment Therapy: The Process and Practice of Mindful Change* (New York: Guilford Press, 2012).

熊野宏昭：《新一代认知行为疗法》，日本评论社，2012。

三田村仰：《第一次学习的行为疗法》，金刚出版社，2017。

9　想进一步了解详情者，请参考：

尼古拉斯·托尔内克：《学习关系框架理论（RFT）：语言行动理论·ACT 入门》，武藤崇、熊野宏昭译，星和书店，2013。

10　艾米·埃德蒙森：《怎样才能让团队发挥作用：提高"学习力"和"执行力"的实践方法》，野津智子译，英治出版社，2014。

11　Edgar H. Schein, *Organizational Culture and Leadership* (San Francisco:Jossey-Basss,1985).

12　这与美国神学家雷茵霍尔德·尼布尔（Reinhold Niebuhr）平静地祈祷："神啊，请赐予我平静地接受无法改变的东西的力量。请给予我改变应该改变的东西的勇气，以及区分不能改变的东西和应该改变的东西的智慧。"很类似。

13　专业术语称作"认知融合"。

14　Steven C. Hayes, Kirk D. Strosahl, Kelly G. Wilson, *Acceptance and Commitment Therapy: The Process and Practice of Mindful Change* (New York: Guilford Press, 2012).

15　"You play with the cards you're dealt ... whatever that means." 引自：

查尔斯·舒尔茨：《史努比更轻松》，谷川俊太郎译，朝日新闻出版社，1995。

16　维克多·弗兰克尔：《夜与雾：弗兰克尔著作集第一卷》，美玲书房，1971，第 196 页。

17　其英语为 "Creative Hopelessness"。

18　谷晋二：《语言与行为心理学》，金刚出版社，2020。

19　引自 Mindset 公司 CEO 李英俊。

20　Jon Kabat-Zinn, *Full Catastrophe Living: Using the Wisdom of your Body and Mind to Face Stress, Pain, and Illness* (New York: Delacorte, 1990).

21　熊野宏昭：《正念与 ACT：二十一世纪的自我探索》，星和书店，2011。

22　Kevin L. Polk, Benjamin Schoendorff, *The ACT Matrix: A New Approach to Building Psychological Flexibility Across Settings and Populations* (Oakland: Context Press, 2014).

相关术语等按照本书需要进行了整理，作者负责上述图书第 10 章的日文翻译工作。

第 03 章

1　Burrhus F. Skinner, "The Concept of the Reflex in the Description of Behavior," *The Journal of General Psychology* 5, 4(1931):427-458.

2　Burrhus F. Skinner. *The Behavior of Organisms: An Experimental Analysis* (New York: Appleton-Century, 1938).

3　在行为分析这部分，广泛引用了以下文献：
乔纳斯·兰梅洛、尼古拉斯·托尔内克：《临床行为分析的 ABC 理论》，武藤崇、米山直树译，日本评论社，2009。
保罗·阿尔伯特、安娜·特劳特曼：《首次应用行为分析：日语版第 2 版》，佐久间彻、谷晋二译，二瓶社，2004。

4　专业术语称作"先行刺激（Antecedent stimulus）"。

5　专业上称作"操作性行为（Operant）"，即自发行为。比如眨眼这一动作，主动眨眼是行为，风吹来后反射性地闭上眼睛就不是行为（是反应性动作）。产生不安情绪等也不是操作性行为，而应归为动机、反馈。

6　专业术语称作"结果（Consequence）"。

7　Burrhus F. Skinner, "The Non-Punitive Society," *Japanese Journal of Behavior Analysis* 5, 2(1991):87-106.

8　岛宗理、吉野俊彦、大久保贤一等：《日本行为分析学会反对"体罚"的声明》，《行为分析学研究》2015 年第 29 卷第 2 期，第 96~107 页。

9　大河内浩人、松本明生、桑原正修等：《报酬会降低内部动机吗》，《大阪教育大学学报》2006 年第 54 卷第 2 期，第 115~123 页。

10　三田村仰：《第一次学习的行为疗法》，金刚出版社，2017。

11　有些专业的说法是，这种对引起行为的动机或者前因后果进行区分的行为也称为"辨别"。

12　自我意识弱就会无视身体实际感受到的满足和反馈，而遵循"我在遵循正确的规则"这种形式上的满足感，并进入这样的循环。

13　严格来说，我们平常使用的"惩罚"和行为分析中的负强化是有区别的。想要深入学习的人可以参考《临床行为分析的 ABC 理论》这本经典书籍。

14　Charles Fishman, "No Satisfaction at Toyota," *Fast Company*, 111(2006):82.

15　网址见 https://www.kickbox.org/。

16　滨口秀司的《SHIFT：创新的方法》是本书作者所知道的有关"创新"的最优秀的书籍。虽然本书并没有涉及创新和讨论的内容，但我们知道单纯的讨论是不行的。

17　作者根据以下文献进行归纳：
仓田学：《MBA 课程不教授的"创刊男"的工作术》，日本经济新闻社，2003。

18　Dan Cable, Francesca Gino, Bradley R. Staats, "The Powerful Way Onboarding Can Encourage Authenticity," *Harvard Business Review* (2015).

19　Emma Seppälä, "The hard data on being a nice boss," *Harvard Business Review* (2014).

20　杉山尚子、岛宗理、佐藤方哉等：《行为分析学入门》，产业图书，1998。

21　矢野和男：《每天 1 分钟的威力》，2020 年 5 月 20 日，见 https://happiness-planet.org/case_c/。

第 04 章

1　这里的"动物行为"在行为分析中的正式名称为"伴随性形成行为"。

2　这里的"语言行为"正式名称为"规则支配行为"。

3　Yuval Noah Harari, *Sapiens: A Brief History of Humankind* (New York: Random House, 2014).

4　广泛参考了以下文献：
尼古拉斯·托尔内克：《学习关系框架理论（RFT）：语言行动理论·ACT

入门》，武藤崇、熊野宏昭译，星和书店，2013。

谷晋二：《语言与行为心理学》，金刚出版社，2020。

5　即关系框架理论中的"顺应（pliancy）"。

6　即关系框架理论中的"追踪（tracking）"。

7　即关系框架理论中的"提高（augmenting）"。

8　在关系框架理论中，有两种类型的正强化：形成性正强化，即在原本没有增强 / 削弱功能的反馈中建立新的增强 / 削弱功能；动机性正强化，即改变已经具有既定增强 / 削弱功能的反馈的增强 / 削弱功能，但本书并不深入讨论两者的区别。

9　Richard W. Malott, "The Achievement of Evasive Goals: Control by Rules Describing Contingencies that Are Not Direct Acting," *Rule-governed Behavior: Cognition, Contingencies, and Instructional Control* (Boston: Springer, 1989), pp. 269-322.

10　长谷川芳典：《斯金纳之后的心理学（23）语言行为、规则支配行为、关系框架理论》，《冈山大学文学部学报》2015 年第 64 期，第 1~30 页。引自以上事例，并有所改动。

11　片山修：《索尼的法则》，小学馆，2006。

第 05 章

1　日本人事部 2020 年 HR 技术会议——"消除阻碍组织变革的三个鸿沟，加快事业成长的心理安全性的提高方法"。

2　大成弘子（2019），"Thank communication network in organization"（感谢组织中的通讯网络）。

3　矢野和男：《每天 1 分钟的威力》，2020 年 5 月 20 日，见 https://happiness-planet.org/case_c/。

4　2019 年 8 月，日本金融厅金融会议——"以用户为中心的新时代金融服务"。

5　Tom Peters, *The Project50: Fifty Ways to Transform Every "Task" into a*

Project That Matters (New York: Knopf, 1999).
日文版标题《汤姆·彼得斯的上班族反攻大作战（2）用性感项目拉开差距！》，仁平和夫译。

6 Jason B. Luoma, Steven C. Hayes, Robyn D. Walser, *Learning ACT: An Acceptance and Commitment Therapy Skills-Training Manual for Therapists* (Oakland: Context Press, 2007).

附　录

3 个视角帮你实现优质管理

我服务过大量客户，"诊断"过很多企业、团队，在此我向你介绍 3 个审视团队的角度，方便你更好地管理团队。

从根本上说，在团队中发现并消除"差异"非常重要，尤其从"团队差异""工作和自由裁量权造成的差异""与多样性有关的差异" 3 个角度来审视差异对团队和管理者来说大有裨益。

团队差异

直接比较不同的团队，深入研究彼此的不同之处，分析得分较高的团队的优势所在。例如，我的客户之间曾经发生过这样的事：新上任且心理安全感相对较低的团队管理者向心理安全感较高的团队的管理者咨询，与团队成员日常谈话要注意哪些方面。

比较团队的差异，不仅要看团队内成员之间的差异，还要看评估结果与团队名称的适配性。

例如，如果质量监督科的畅所欲言要素程度很低，护理团队的互相帮助要素程度很低，创新部的敢于挑战要素程度很低，多元化推广部的开放包容要素程度很低，那么你就可以认为有些关键的管理因素没有发挥作用。

工作和自由裁量权造成的差异（团队、工作内容和职位之间的差异）

这个角度是从团队的主营业务和工作内容之间存在多大差异来看的。

此时对管理者来说最重要的是要研究不同团队（如销售和技术、人力资源、行政、法务等）之间存在的平均差异是否超出了自由裁量权和主营业务等结构性问题的范畴。

例如，较低的自由裁量权往往会降低畅所欲言要素和敢于挑战要素，但如果随之而来的是互相帮助要素降低，那么管理者就需要了解一下团队发生了什么事。

管理者除了要关注心理安全的测评分数，团队内部成员之间的差距也值得关注。例如王牌销售员创造了很高的业绩，那很可能他比其他成员有更大的发言权……此外，职位越高，自由裁量权就越大，这往往会提升人的心理安全感。但在部分团队中，中层管理人员（如科长和主任）的心理安全感甚至低于普通员工，造成这种结果的原因可能是中层管理人员的工作量饱和、压力大、夹在上司和下属之间、处于无法向其他团队成员请求帮助的境地等。

与多样性有关的差异

从多样性和包容性的角度来看，属性（岗位、性别、年龄等）不同的成员，都能公开表达自己的意见这一点非常重要。

如果部分属性的人心理安全感较低，作为团队的管理者可能就需要采取行动了，比如去倾听他们的声音，或与他们谈话。

尤其对小团队来说，在比较成员属性时，最好将职位一致的成员进行比较，因为在职场中，人的心理安全感往往会受到职位的影响。

以上就是管理团队的 3 个角度。

此外，作为管理者，以这种方式将"组织诊断"与"对话和改进"联系起来时，最好拿出如下的实施和反馈办法：

◇ 设计一个自由书写区域，任何人都可以在这里发表意见。

❖ 向受试者介绍调查的总体情况，尽可能让所有受试者都能看到和了解调查结果。

❖ 在提供反馈意见时，不要从"你们都有问题"的角度出发，而要从改善团队心理安全的主题角度出发。

❖ 深入研究优秀团队的特点，与团队成员分享研究结果。

希望本书对你和你的团队有帮助！